Couvertures supérieure et inférieure
manquantes

THÉORIE

DE

LA QUANTITÉ PROSODIQUE,

BASÉE

SUR L'ANALYSE DES FORMES GRAMMATICALES

ET

DÉMONTRÉE D'ABORD SUR LA LANGUE LATINE.

THÈSE

PRÉSENTÉE A LA FACULTÉ DES LETTRES DE STRASBOURG

ET SOUTENUE PUBLIQUEMENT

le jeudi 7 novembre 1839, à deux heures,

pour obtenir le grade de docteur ès lettres,

PAR

F. G. BERGMANN.

> *Ne quis tam parva fastidiat elementa, non quia*
> *magnæ sit operæ consonantes a vocalibus discernere,*
> *ipsasque eas in semivocalium numerum, mutarumque*
> *partiri: sed quia interiora velut sacri hujus adeuntibus,*
> *apparebit multa rerum subtilitas quæ non modo acuere*
> *ingenia sed exercere altissimam quoque eruditionem ac*
> *scientiam possit.*
>
> QUINTILIANUS, 1, cap. 4.

STRASBOURG,

De l'imprimerie de V.ᵉ BERGER-LEVRAULT, rue des Juifs n.° 33.

1839.

(13)

PRÉSIDENT DE LA THÈSE,

M. BAUTAIN, Doyen de la Faculté.

THÉORIE

DE

LA QUANTITÉ PROSODIQUE.

A. THÉORIE.

CHAPITRE PREMIER.

Introduction.

§. 1.er Dans le langage articulé de l'homme on distingue deux espèces de sons : les *voyelles* et les *consonnes*. Les voyelles sont des *voix claires*, qui sortent librement du larynx, et se font entendre distinctement dans la prononciation ; aussi portent-elles le nom de *sonores* (gr. phônèenta, lat. vocales). Les consonnes, au contraire, sont des voix *sourdes* de leur nature ; mais elles le sont à différents degrés. Parmi elles les *semi-consonnes* *v* et *j* (prononcez ye), les *liquides* *r* et *l*, et les *sifflantes* *s*, *z*, *j* (prononcez ge) sont les plus sonores ou vibrantes ; les consonnes *douces* *b*, *d*, *g*, sont moins sonores que les précédentes ; mais elles sont plus vibrantes que les consonnes *dures* *p*, *t*, *k*, lesquelles sont entièrement *muettes*, c'est-à-dire, que la prononciation en est impossible, si elles ne sont pas accompagnées d'une voyelle. Ce sont particulièrement les consonnes *dures* qui ont fait donner à toute l'espèce le nom de *sons accompagnants* (gr. symphôna, lat. consonæ).

§. 2. Les voyelles étant des sons clairs, on peut les considérer, de même que les tons musicaux, sous deux points de vue différents : d'abord, par rapport à leur *durée*, et ensuite par rapport à leur élévation. La durée ou la *tenue* des voyelles constitue ce qu'on appelle leur *quantité* prosodique ; l'élévation et l'abaissement de la voix, dans la prononciation des voyelles, constitue l'*accent* proprement dit. Comme quelques-unes des consonnes sont vibrantes jusqu'à un certain degré (voyez §. 2.°), on devrait, à la rigueur, aussi parler de la quantité prosodique des *consonnes*. Car il est vrai que, dans les syllabes *v-a*, *j-a*, *r-a*, *l-a*, *s-a*, *z-a*, qui commencent par une semi-consonne, ou une liquide ou une sifflante, la prononciation peut faire vibrer pendant un temps *indéfiniment* long les consonnes tout aussi bien que la voyelle dont elles sont suivies. De même, dans les syllabes *b-a*, *d-a*, *g-a*, qui commencent par une consonne douce, la prononciation de cette dernière peut encore avoir une certaine *tenue* ; seulement la voix expire après un certain temps, parce que l'air irradiant du larynx et la vibration nasale qui concourent ensemble à la production de la consonne douce, arrêtent bientôt la respiration, et par conséquent la vibration ou la durée du son. Mais quant aux syllabes *p-a*, *t-a*, *k-a*, qui commencent par des consonnes dures, il est de toute impossibilité de faire une tenue tant soit peu longue sur ces dernières, par la raison qu'elles sont produites par une explosion de voix *instantanée*, qui exclut naturellement toute prolongation de son. Or, les consonnes dures n'étant en aucune façon susceptibles de quantité, et les autres consonnes ne l'étant que d'une manière plus ou moins imparfaite, les différentes langues ont établi et marqué la quantité prosodique seulement sur les *voyelles*.

S'il est vrai que la quantité est peu compatible avec la prononciation des consonnes, l'accent prosodique, à plus forte raison, doit être entièrement incompatible avec elle. En effet, l'élévation et l'abaissement de la voix, qui constituent l'accent, ne peuvent se faire remarquer que dans des sons qui sortent librement du larynx, de manière à pouvoir résonner avec un plus ou moins grand nombre de vibrations ; or, cette différence dans le nombre des vibrations, laquelle est précisément la cause de l'élévation et de l'abaissement du ton ou de l'accent, ne saurait être produite dans des sons qui, comme les consonnes, sont *sourds* de leur nature. Car les organes de la bouche, concourant dans chaque individu, et en tout temps, de la *même* manière à la production des mêmes consonnes, ne sauraient jamais mettre de différence dans le nombre des vibrations, ni, par conséquent, marquer des différences d'accent. Il suit donc de là qu'il est impossible d'accentuer des consonnes, et que les voyelles sont seules propres à exprimer les différences de la quantité et de l'accent. La quantité et l'accent constituent ensemble la *prosodie* (gr. prosôdia, lat. accentus), c'est-à-dire, ce chant accompagnant et modulé qu'on remarque dans le parler ordinaire de tous les hommes, et surtout dans les phrases rhythmiques de la poésie. Dans ce mémoire nous nous proposons d'expliquer la théorie de la *quantité prosodique*, que nous démontrerons principalement sur le latin. Un second traité sera consacré à la théorie de l'*accent*, laquelle sera démontrée particulièrement sur le grec et sur l'italien. Nous ferons suivre ces deux mémoires d'une théorie de la versification et de la métrique, où seront expliqués les principes des différentes espèces de versification dont ont fait usage les peuples anciens et modernes ; et enfin, nous terminerons par une théorie du rhythme musical, où nous essayerons d'expliquer philosophiquement les principes de la cadence, du nombre et de l'harmonie, et de montrer les analogies et les rapports qu'il y a entre le rhythme de la poésie et celui de la musique.

§. 3. Considérées par rapport à leur quantité prosodique, les voyelles sont ou *longues* ou *brèves*. La durée des longues et des brèves n'a pas de mesure *absolue*; il importe peu qu'on prononce plus ou moins vite les longues et les brèves, pourvu que le rapport de quantité entre la longue et la brève reste *invariablement* le même. Ce rapport, quoique invariable pour chaque langue, peut cependant avoir un *exposant* différent dans les différentes langues. Ordinairement cet exposant est le chiffre 2, c'est-à-dire qu'une longue équivaut à deux brèves. Dans quelques langues une oreille exercée ou un calculateur exact trouverait que cet exposant n'est quelquefois que le chiffre 1, plus une fraction. On trouverait même que parmi les brèves et les longues les unes sont plus brèves ou plus longues que les autres. Ainsi, par exemple, dans les langues qui ont beaucoup d'*é* muets ou de *chevas*, ces *é* sont naturellement plus brefs que les autres voyelles brèves. Cependant, comme cette différence n'est sentie que par des oreilles délicates, on n'en tient pas compte dans la prosodie, et l'on se contente d'établir d'une manière générale et pour ainsi dire en gros, que la *longue équivaut à deux brèves*. Bien que les idées d'une longue et d'une brève soient, comme nous venons de le voir, des idées *corrélatives*, et que par conséquent l'on ne saurait convenablement définir l'une par l'autre, on peut néanmoins dire que la *brève* est *l'unité* de mesure des longues, et par conséquent la *longue* l'équivalent de *deux* de ces unités de mesure. En effet, ce n'est pas arbitrairement qu'on prend la brève pour *base métrique*, d'après laquelle on évalue la durée d'une longue, puisque, comme nous le verrons ci-après, il est prouvé par l'analyse des formes primitives des mots que la voyelle brève est antérieure à la voyelle longue, laquelle est toujours *dérivée* d'une brève, soit pour une cause, soit pour une autre. La brève, n'ayant pas subi l'influence de ces causes, a conservé sa quantité *naturelle* ou *primitive*, et peut par conséquent servir d'unité de mesure. On ne saurait donc raisonnablement demander *pourquoi* une voyelle primitive est *brève*; la seule raison qu'on pourrait en donner, ce serait de dire qu'il n'y avait pas de cause pour la rendre *longue*. Mais le philologue est en droit de se demander *pourquoi* une voyelle primitivement brève est devenue longue, et *comment* une voyelle devenue longue a pu redevenir brève? Aussi ce sont ces deux questions et leur solution philosophique qui font le sujet et l'essence de la théorie que nous allons exposer. Ces deux questions sont les seules qui doivent fixer notre attention, puisque une fois leur solution trouvée, il n'y aura plus de difficulté prosodique que nous ne saurions résoudre. C'est pourquoi nous ne parlerons pas dans ce traité des voyelles *originairement brèves*. Car après avoir indiqué les voyelles *longues* et les cas où les longues redeviennent brèves, il serait superflu d'étudier encore les cas où les voyelles ont conservé leur brièveté naturelle, puisque toutes les voyelles qui ne sont pas devenues longues, sont restées nécessairement *brèves*. Par la même raison il est pareillement inutile de *désigner* la quantité des brèves par un signe particulier; il suffit de désigner seulement les longues. Pour indiquer qu'une voyelle est longue, nous y placerons un accent circonflexe ˆ; les voyelles qui n'auront pas ce signe, seront pour cela même marquées comme voyelles brèves.

Avant d'indiquer les *causes* qui font qu'une voyelle devient longue et qu'une voyelle devenue longue redevient brève, il importe d'établir trois principes de haute philologie, qui sont pour ainsi dire la source d'où découlent les causes en question.

CHAPITRE II.

Principes fondamentaux de la quantité prosodique.

§. 1.er *Premier principe. Dans les thèmes ou formes primitives des mots chaque consonne était suivie d'une voyelle, ne fût-ce que d'un cheva ou é muet, et pareillement toute voyelle était précédée d'une consonne, ne fût-ce que d'une simple aspiration.* Ce principe est démontré *à priori* par cela même qu'il est logiquement nécessaire, tant à cause de la nature *phonique* et de la signification *logique* des *consonnes*, qu'à cause de la signification *grammaticale* des *voyelles* (voy. Poëmes islandais, p. 371 et suiv.).

En effet, la nature phonique des consonnes est telle qu'elles ne peuvent se prononcer qu'en débouchant par une voyelle plus ou moins sonore. Toutes les consonnes dont se composait le thème primitif des mots, devaient donc naturellement être suivies chacune de sa voyelle respective. Cette voyelle, qui n'avait encore aucune signification *grammaticale*, était intimement liée à la consonne dont la prononciation l'avait fait naître et rendue nécessaire. Aussi dans l'origine n'y avait-il à proprement parler que des *syllabes*, c'est-à-dire des sons composés d'une consonne et d'une voyelle. Ces syllabes, qui formaient les *éléments* des thèmes, n'étaient pas encore décomposées en consonne et en voyelle séparables l'une de l'autre. La distinction entre les consonnes et les voyelles ne se fit sentir, et par conséquent ne s'établit dans le langage que lorsque la voyelle primordiale *a*, qui dans l'origine servait uniquement à rendre possible la prononciation des consonnes, prenant un rôle plus important, commença à avoir une signification *grammaticale*, et par suite à se différencier dans les trois voyelles primitives *a*, *i* et *u*. Alors la voyelle, devenant l'élément *mobile* dans le thème, en exprimant les différents *rapports* logiques du mot (voy. Poëmes isl., p. 373), se distingua de l'élément *immobile* représenté par les consonnes, lesquelles exprimaient la signification logique ou l'idée du mot.

Cependant, bien que les consonnes et les voyelles devinssent séparables les unes des autres, leur intime liaison *phonique* fut toujours sentie plus ou moins dans les différentes langues. Entre autres preuves nous rappellerons que dans l'antiquité toutes les écritures, avant de devenir alphabétiques, étaient d'abord plus ou moins *syllabiques*; les caractères exprimaient des syllabes ou des consonnes jointes à leurs voyelles, et comme la voyelle était le complément nécessaire de la consonne, on se contenta d'écrire seulement la consonne, et l'on abandonna au lecteur le soin d'y ajouter dans la prononciation la voyelle respective. Les changements euphoniques sont cause que dans les mots des différentes langues chaque consonne n'est plus suivie de sa voyelle. Les consonnes finales perdirent les premières leurs voyelles; d'abord parce que, la voix baissant naturellement à la fin du mot, la voyelle finale commença par n'être pas prononcée nettement, et finit bientôt par ne plus être prononcée du tout. En second lieu, la consonne finale pouvait perdre sa voyelle respective sans préjudice pour sa propre prononciation. Ainsi, par exemple, dans *dominus*, le *s* final, s'appuyant sur la voyelle précédente, pouvait se prononcer sans le secours de sa voyelle respective, et cette voyelle devait se perdre naturellement, l'accent ne tombant pas sur la dernière syllabe. Cependant cette anomalie et d'autres semblables, qui s'établirent plus tard, prouvent, par cela même qu'elles sont des exceptions à la règle; que le principe dont il s'agit ici est fondé dans la nature des sons articulés du langage.

Nous venons de prouver *à priori* que par suite de sa nature *phonique* toute consonne était suivie dans l'origine de sa voyelle respective; il nous reste à prouver également que toute voyelle était *précédée*, dans les thèmes primitifs, de sa *consonne* respective. Cette seconde thèse n'est pas une conséquence de la nature *phonique* des voyelles, puisqu'elles peuvent être prononcées sans le secours d'aucune consonne, mais elle est une conséquence nécessaire de leur *signification grammaticale*. Nous avons déjà vu ailleurs que les consonnes seules forment le *corps* des mots et en déterminent la *signification* logique (voy. Poëmes isl., p. 380). Les voyelles ont une signification plus métaphysique; elles servent à indiquer les *rapports* logiques sous lesquels on doit envisager l'idée du mot exprimée par les consonnes : si donc une voyelle se trouve placée à la tête d'un thème, cette voyelle n'ajoute rien à la signification de ce mot, elle ne fait que présenter cette signification sous un certain rapport ou point de vue logique. C'est pourquoi le thème avec la voyelle préfixe est proprement un *dérivé grammatical* du thème sans voyelle préfixe, et par conséquent ce dernier thème, qui commence par une *consonne*, est seul le thème *primitif*. Ainsi les thèmes A-VA, A-FA, I-FA, U-FA, etc., sont tous des dérivés grammaticaux du thème primitif FA ou PA (voy. Poëmes isl., p. 383; 407); les thèmes A-GA, I-KA, etc., dérivent du thème primitif KA ou GA (voy. ibid., p. 388; 430); les thèmes A-TA, A-DA, U-TA, A-SA, etc., dérivent du thème primitif TA ou DA (voy. ibid., p. 385; 422); les thèmes A-LA, A-RA dérivent des thèmes LA ou RA (voy. ibid., p. 391; 438, 446); et enfin les thèmes A-NA, I-NA, etc., dérivent du thème primitif NA (voy. ibid., p. 392; 452). Il est inutile de répéter ici ce que nous avons déjà dit ailleurs (voy. Poëmes isl., p. 371), qu'un thème ne peut pas être formé par une voyelle toute seule, puisqu'un tel mot dépourvu de consonnes n'aurait pas de signification logique; la voyelle à elle seule n'aurait pas même la signification grammaticale qui est propre aux voyelles, parce que le mot n'exprimant point d'idée, la voyelle ne pourrait pas non plus exprimer les rapports de cette idée. Il est vrai qu'il y a dans certaines langues des *interjections* formées d'une seule voyelle; mais l'interjection étant un *cri*, n'a point de signification *logique*, et ne tient pas essentiellement au langage humain. L'essence du langage de l'homme n'est pas l'expression *immédiate* de la sensation par le cri; mais l'expression *médiate* de la sensation et de la *pensée*, analysées et *figurées* par des sons *articulés*. Le cri est au mot ce que l'hiéroglyphe figuratif est à l'écriture alphabétique : il y a une aussi grande différence entre l'exclamation *o!* et le mot *je souffre*, qu'entre la *figure* dessinée d'un cheval et l'expression en caractères alphabétiques du *mot* qui signifie cheval; et de même que l'hiéroglyphe figuratif fait plutôt partie du dessin ou de la peinture que de l'écriture proprement dite, de même le cri fait plutôt partie du langage ou de la manifestation immédiate de l'animal que du langage raisonné de l'homme. Aussi les interjections sont-elles très-peu nombreuses dans les langues; et comme elles y sont d'une nature pour ainsi dire *exotique*, elles sont aussi restées stériles, et n'ont pas pu former des thèmes ou des souches de mots communes à un certain nombre de dérivés. Dans aucune langue il n'y aura un verbe formé de *o!* et signifiant *souffrir*, ni un substantif dérivé de *o!* signifiant *douleur*. L'objection qu'on tirerait des interjections ne serait donc pas fondée, et elle ne prouverait rien contre la thèse que nous venons d'établir à savoir que les *thèmes primitifs* des mots commençaient tous pas une *consonne*.

Il nous reste maintenant à prouver notre principe *à posteriori*, c'est-à-dire à montrer par des exemples tirés de différentes langues, que réellement chaque voyelle était précédée de sa consonne respective. Les dictionnaires nous fourniraient une quantité infinie d'exemples; nous nous bornerons ici à un petit nombre. En jetant un regard sur les langues *sémitiques*, on voit tout d'abord que dans ces langues aucun mot ne commence par une voyelle. En effet, les *alefs*, les *yods* et les *vavs*, qu'on trouve à la tête des mots et qu'on serait tenté de prendre pour des voyelles, ont réellement la valeur et la signification de consonnes, au point que non-seulement ils sont suivis de leurs voyelles respectives, mais qu'ils permutent aussi avec d'autres consonnes homorganiques; l'alef avec des gutturales et des sifflantes, le yod avec des gutturales et des labiales, le vav avec des labiales, des gutturales et quelquefois avec des sifflantes.

Exemples : Héb. ʰabac (enterlacer) et sabac; ʰâl (tournoyer) et gâl, châl; ʰasar (nouer) et kashar, caskar, ar. ʰasar et casar, etc. Heb. ʰêfâr (cendre) et ʰâfâr (poussière); ʰaf (p. hanf, nez), isl. ʰnefi. Assyrien : ʰariddâta, sansc. haridatta (donné par Wishnu); assyr. ʰaridai, sansc. haridayas (ayant la miséricorde de Wishnu); héb : yalak (aller) et halak, ar. valaka, sansc. valka, all. wallen (fr. aller); héb. yadah (louer), et hadak, ar. vadai, sansc. vandé; arab. varika (être éclatant) et héb. yarek, yarech, bârâk (éclair), cf. sansc. bʰrâg'a, etc.

Il en est de même en grec, où toutes les voyelles placées à la tête du mot sont précédées d'une *aspiration*. Les unes sont précédées de l'aspiration forte ou de l'esprit rude, exprimé dans l'ancienne écriture grecque par la figure Ͱ , qui est la première moitié de la lettre H, et qui s'est changée dans l'écriture cursive en ʽ; nous le représenterons ici par le caractère *h*. Les autres voyelles sont précédées de l'aspiration faible ou de l'esprit doux, exprimé anciennement par la figure Ⴈ ou la seconde moitié de la lettre H, et qui s'est changée dans l'écriture cursive en ʼ; nous le représenterons par un petit ʰ.

Ce qui prouve encore que certaines langues n'aiment point à commencer les mots par une voyelle, c'est que dans les cas où une voyelle *euphonique* se place à la tête du mot, elles font encore précéder cette voyelle d'une *aspiration* exprimée dans les langues sémitiques par *alef* et *hé*, et en grec par l'*esprit doux*. Cette aspiration n'a pas la signification d'une consonne; elle n'est qu'*euphonique*. Telle est par exemple, en hébreu, l'aspiration du hi*fîl* et du hi*tpaël*, où *h* n'a aucune signification *logique*; telle est l'*alif* prothétique en arabe dans quelques mots empruntés aux langues étrangères et commençant par *s*; ex. ʰiskander (p. *Scander*, *Aleksander*), ʰisfongun (lat. spongia). Les langues romanes, dans les cas analogues, mettent simplement un *a* euphonique ; ex. espagnol *esponjo* ; vieux fr. *ésponge* ; portugais, *escrever* ; telle est enfin l'aspiration dans quelques mots du vieux français, comme *hault* (de *altus*), *huistre* (de *ostrea*), *huile* (de *oleum*), *hermite* (de *ʰeremitès*), etc. En grec, les voyelles placées à la tête du mot avec l'esprit *doux* sont ordinairement des *voyelles pré₂xes*, ayant une signification *grammaticale* et appartenant à des thèmes qui sont dérivés de thèmes *primitifs*, commençant par une *consonne* (voy. p. 7). Cependant, il ne faut pas ranger dans cette classe tous les mots dont la première lettre est une voyelle ; la plupart d'entre eux commençaient originairement par une consonne. Les causes pour lesquelles ces mots commencent maintenant par une voyelle se résument dans les quatre suivantes : 1.º l'*aphérèse* ou le retranchement de la consonne ; 2.º la *métathèse* ou le changement de place entre la consonne et la voyelle ; 3.º la *vocalisation* de la consonne, et 4.º la *prothèse* d'une voyelle euphonique.

α) *Aphérèse :* 1) Mots commençant par une voyelle, et qui, dans l'origine, commençaient par une *gutturale*, changée en aspiration, laquelle s'est peu à peu effacée. Ex. latin *odium* (p. *hodium*, cf. grec *kotos*, angl. *hate*, all. *hass*) ; *aptus* (p. *haptus*, cf. gr. *haptos*, all. *haftend*) ; *amare* (p. *hamare*, cf. sansc. *kamaya*, héb. *kamaha*) ; *amoenus* (p. *camoenus*, aimable) ; *aemulus* (p. *haemulus*, cf. gr. *hamilla*) ; *aper* (p. *haper* [us], cf. gr. *kapros*, lat. *caper*, isl. *höfr*) ; *aranea* (p. *haracnea* [fileuse], cf. gr. *ʰarachnè*, héb. *ʰarag* [tisser, filer]) ; *ara* (p. *hara* [élévation], cf. gr. *horos* [montagne], héb. *har*) ; *urbum* (p. *curbum*) ; *orbis* (p. *horbis*, cf. lat. *curvus*) ; *urceus* (p. *hurceus*, cf. all. *krug*, fr. *cruche*, gr. *krôssos*) ; *eo* (p. *heo*, cf. all. *gehe*) ; *œstus* (p. *hœstus*, cf. all. *gäscht, jascht*) ; *uxor* (p. *juxor* de *jungere*) ; *udus* (p. *huvidus*, cf. gr. *huo*, lat. *humor*) ; grec *ʰorfnè* (obscurité, cf. héb. *ʰèreb*) ; *ʰérébos* (cf. ar. *gʰarab*) ; *ʰélaphos* (p. *gelafos*, cf. all. *geläufig* [courant, léger]) ; *ʰéleuthô* (p. *geleuthô*, cf. all. *geleite*) ; *ʰodous* (p. *go-dons* [dent], lat. *con-tundens*) ; *ʰonoma* (p. *gonomat* [qui fait connaître], cf. lat. *co gnomen, a-gnomen*) ;

ʰonux (p. konuchs [qui gratte], cf. gr. knaô, knaiô; lat. un-gula [p. knugula], all. nagel [p. knagel], cf. angl. gnaw (pron. naw), gratter. 2) Mots commençant primitivement par un *s*, qui s'est changé en une légère aspiration; gr. ʰalochos (p. salochos, qui a le même lit); ʰakoitis (p. sa-koitis, qui a la même couche); ʰadelfos, ʰadelfè (p. sa-delfos, qui a la même mère [delfus, matrice]; sansc. sagarbha); ʰagora (p. sa-gora, assemblée; cf. lat. acervus); ʰindia (cf. sansc. sindhu, ar. hindu); ʰeirô (p. seirô; lat. serô, joindre); ʰeirène (cf. lat. serenus); ʰaleifo (p. sa-leifo; lat. con-lino; sansc. sam-lipa); ʰagathos (p. sa-gathos [convenable]); lat. *is* (p. si-s, hi-s, cf. hi-c); ei (p. hei, gr. hoi [à lui]), etc. 3) Mots commençant primitivement par une *labiale aspirée* (digamma éolien), qui s'est changée en une légère aspiration : gr. ʰéar (p. Féar, cf. lat. *ver*); ʰéméo (p. Féméo, cf. lat. *vomo*); ʰachthos (p. Fachthos; all. wucht; ge-wicht); ʰechthomai (p. Fechthomai, goth. *fiha-n* [haïr]); ʰergon (p. Fergon, cf. all. werk); ʰesthès (p. Festhès, cf. lat. vestis); ʰaènaï (p. Fahènaï, cf. all. wehen, héb. *Fu* ch); ʰaèr (p. Fahers; cf. all. wind [p. vahinds]); ʰornis (p. Faher-hnichs, qui nage dans l'air, oiseau); ʰoikos (p. Foikos, cf. lat. *vicus*, all. weich-bild; sch-weig, dans Braunschweig); ʰops (p. Fops; lat. *vocs*); ʰochlos (p. Folchos, crétois *polchos*, all. *folk*, sansc. *vôlhâ*); ʰageïn (p. Fagein [briser], cf. gr. *phago* [manducare]); ʰarktos (p. Farktos, cf. isl. vargr, lat. ursus [p. vurc-sus], sansc. reksha [p. vereksha]; cf. gr. lukos [p. Flukos], lat. lupus [p. vlupus], vulpes; sansc. vereka); ʰerrhaos (p. Fer-raos, lat. verres, sansc. varâhas); ʰouréô (p. Foureô, all. wahren); phrouréô (p. pro-houréô, all. verwahren); *hèbasco* (p. Fèbasco, lat. pubesco), etc. 4) Mots commençant primitivement par un *n* qui s'est effacé : lat. *utor* (p. nutor [prendre, user, jouir]; vieux h. all. *niutan* [prendre, jouir], cf. latin *nû-trio* [faire prendre]); *emo* (p. nemo [*tendre* la main vers pour *prendre*], accepter, acheter [acceptare], all. *nehmen* [prendre]; gr. *nemo* [tendre la main vers, pour *donner*, *distribuer*; cf. lat. *capere* [prendre], all. *geben* [donner]; gr. lanchanô [tendre vers, *présenter*, et atteindre, *prendre*]), etc.

β. *Métathèse* ou transposition de la consonne : grec ʽargos (p. ʽragos, éclatant, clair, clairvoyant, cf. sansc. rág'a, briller); lat. *argentum* (p. ragentum, brillant), sansc. ragatam; lat. *arguo* (p. raguo, rendre clair, démontrer); lat. *albus* (p. labus, héb. *laba-n*); gr. ʽalfos (p. lafos, blanc); lat. *alburnum* (p. laburnum); lat. *ansa* (p. nasa [qui saille], cf. all. *nase* [nez]; lat. *insula* (p. bnisula, diminutif de bnisus, gr. nêsos (p. nechsos [qui surnage], *île*, de néchô (p. snêchô, sansc. snaha); lat. *anser* (p. hnâser, qui nage, oie, sansc. hansa); lat. *anats* (p. hanats, hnâts, qui nage, canard, gr. nêssa); lat. *ingens* (p. gigents, cf. gr. gigas p. gigants); lat. *umbo* (p. hnubion, bouton, proéminence); *umbilicus* (p. hnubilicus), gr. ʽomfalos (p. knofalos, cf. all. *knöpfel*, petit bouton, gr. gomfos (p. gnofos), all. *knopf*); gr. ʽorgè (p. ʽhrogè, irritation, all. aufregung); gr. ʽerchomai (p. ʽréchomai, all. sich regen); gr. ʽanchi, ʽengus (p. nachi, negus, cf. all. nahe, près, étroit); gr. ʽarchè (p. rachè, pointe, sommet, commencement, cf. all. das ragende); gr. ʽarchôn (p. rachonts, cf. lat. regens); gr. *astron* (p. staron, sansc. str), etc.

γ. *Vocalisation* de la consonne : lat. *augeo* (p. vageo, v. h. all. vahsen); *auxilium* (p. vagsilium [surcroît de force, renfort]); *unda* (p. vinda [qui serpente], cf. all. winden); *urina* (p. varina [eau], sansc. vari, lat. mare); *urna* (p. varina, aiguière), etc.

δ. *Prothèse* d'une voyelle *euphonique*. Dans certaines langues on place des voyelles euphoniques devant les consonnes liquides, comme, par exemple, en grec : ʽéruthros (p. ruthros, cf. all. roth, lat. rufus); ʽalôpeks (p. lôpeks, velu, sansc. lômâças). Cette voyelle euphonique est surtout usitée devant les consonnes sifflantes; ainsi, dans les langues romanes, presque tous les mots qui commençaient en latin par *st*, *sp*, *sc*, sont précédés d'une voyelle euphonique; ex. lat. scribere, v. fr. *escrire*, esp. *escribir*, portug. *escrever*; lat. stare, v. fr. *estre*, esp. *estar*, portug. *estar*; lat. spissus, v.fr. *éspais*, esp. *espeso*, portug. *espésso*, etc.

Conclusion. Ce que nous venons de dire dans ce paragraphe

prouve que tous les *thèmes primitifs* commençaient par une consonne, et qu'en général, dans ces thèmes, chaque consonne était suivie de sa voyelle, et chaque voyelle précédée de sa consonne; ce que nous avions à démontrer.

1.er *Corollaire. Dans les thèmes, deux consonnes ne se suivent jamais immédiatement*, pas même deux consonnes liquides et homogènes. Ainsi, FALLA ou KuRRA, ne saurait jamais être la forme *primitive* d'un mot. Il en est de même des prétendues formes de racine, telles que MeRGA, FaRTA, VaLGA et autres semblables, dont les véritables formes primitives sont MA-RaGA, Fa-RaTa, Va-LaGa, ou M-RaGa, F-RaTa, V-LaGa, la première syllabe ou consonne étant la syllabe ou consonne *déterminative*, par rapport à la signification du thème exprimée par les deux autres syllabes (voy. Poëmes isl., p. 395).

2.e *Corollaire. Tous les thèmes finissent par une voyelle;* ainsi, M-RaG, F-RaT, V-LaG, loin d'être des formes *primitives*, ne sont que des formes *tronquées.* Si les mots, dans les différentes langues, ne finissent pas tous par des voyelles, c'est que la voyelle finale a été *retranchée* pour différentes causes (cf. p. 6).

3.e *Corollaire. Dans les thèmes primitifs deux voyelles ne peuvent se suivre immédiatement l'une l'autre;* en d'autres termes, les lois formatrices des mots repoussent le *bâillement* (l'hiatus), les *diphthongues* et les *concrétifs.* L'hiatus est formé par deux voyelles différentes, se prononçant chacune *séparément,* et dont la *seconde* a l'accent. L'hiatus naît de l'élision d'une consonne ou de la transposition d'une voyelle. Les formes primitives de l'hiatus, dont toutes les autres dérivent, sont : *iá* et *iú, uá* et *uí.* Les *diphthongues* sont formées par deux voyelles différentes, se prononçant l'une et l'autre en une *seule* émission de voix, et dont la *première* voyelle a l'accent. Les diphthongues ont une signification *grammaticale,* comme nous le verrons plus tard; elles sont, pour ainsi dire, le renforcement des voyelles i et u, et c'est pourquoi il n'y a que *ái* et *áu,* et leurs dérivés, qui soient de *véritables* diphthongues. Nous appelons *concrétifs* deux voyelles différentes, se prononçant l'une et l'autre en une *seule* émission de voix, comme dans les diphthongues, et dont la seconde a l'accent comme dans les hiatus. Dans les concrétifs, il n'y a qu'une voyelle qui soit radicale; l'autre est intruse ou euphonique, comme, par exemple, la voyelle i dans les mots français *pied* (lat. ped-), *miel* (lat. mel), *fiel* (lat. fel), etc.

§. 2. *Second principe. La voyelle brève est antérieure à la voyelle longue.* Ce principe est suffisamment démontré par l'histoire de la dérivation grammaticale des mots, laquelle nous fait voir que la voyelle *longue* se trouve toujours placée dans un thème ou mot qui exprime une idée *dérivée*, et par conséquent, une idée *postérieure* à l'idée-mère, exprimée par un thème, dont la voyelle radicale est *brève*. Il est vrai que, dans l'origine, la différence des longues et des brèves n'existant pas, la voyelle primitive *e* n'était, à proprement parler, ni longue ni brève, et lorsque la différence s'établit, la longue et la brève, étant *corrélatives*, durent nécessairement naître *simultanément*. Aussi faut-il dire que la voyelle brève est *antérieure* à la voyelle longue, non comme *brève*, mais comme *voyelle*; de même que, par exemple, le père n'est pas antérieur au fils, en tant que *père*, mais seulement en tant qu'individu ou *personne*. Cependant, ce qui donne à la voyelle brève un titre d'antériorité sur la longue, même comme *brève*, c'est que la voyelle primitive, avant l'établissement de la différence de quantité, devait avoir la quantité d'une brève plutôt que celle d'une longue; car, comme cette voyelle ne servait encore qu'à faciliter la prononciation des consonnes, il n'y avait pas de raison pour qu'on appuyât sur elle, comme sur une voyelle longue. Il est donc évident que, lorsque la quantité prosodique des voyelles se différencia, la brève garda la quantité de la voyelle primitive, et que la longue se forma en allongeant ou renforçant cette voyelle *brève* primitive. Par conséquent la longue est postérieure à la brève, ou la brève antérieure à la longue.

Corollaire. Un thème primitif ne renferme que des voyelles brèves. C'est pourquoi, parmi les racines sanscrites, dont la voyelle radicale est longue ou diphthongue, les unes sont des racines *dérivées*, et les autres sont mal *extraites*, c'est-à-dire, qu'elles n'ont point la forme grammaticale qu'elles devraient avoir.

§. 3. *Troisième principe. Il est dans la nature des sons articulés du langage de souffrir plus facilement un changement dans leur qualité phonique que dans leur quantité prosodique.* Ce principe est constaté par la comparaison des langues, qui montre que, de tous les changements qu'on remarque dans la forme des mots, celui de la quantité prosodique est généralement le moins fréquent. Non-seulement dans les mots d'une même famille, mais aussi dans les langues d'une souche commune, la *quantité* prosodique et jusqu'à l'*accent* tendent à rester constamment les *mêmes*. Ainsi les voyelles radicales des mots correspondants dans les différentes langues indogermaniques ont presque toujours la même quantité; les mots des langues romanes ont conservé généralement la même quantité et le même accent qu'ils avaient en latin. Les voyelles changent souvent de *qualité*, c'est-à-dire de son, mais elles changent rarement de *quantité*. Ex. latin : *mūnus* (fonction) et *minister* (fonction......e); *lego, eligo; ago, exigo; quatio, concutio; cædo, decido; lædo, elido; quæro, requiro; æquus, iniquus; causa, excūso;* audio, *obēdio* (p. obódio, obŏdio); *fauces, suffŏco,* etc. Ces changements prouvent que l'oreille sait mieux distinguer la quantité prosodique que la qualité des sons; aussi y a-t-il beaucoup de personnes qui ne distinguent pas bien en musique les différents tons, bien qu'elles sentent parfaitement le rhythme et la mesure musicale. On dirait que l'essence du son consiste dans sa *quantité*, à laquelle l'oreille s'accoutume de préférence, de sorte qu'il n'y a pas jusqu'à l'homme du peuple qui ne trouve ridicule de prononcer une syllabe contrairement à la quantité à laquelle son oreille est accoutumée. C'est cette attention et cette habitude de l'oreille qui font précisément que la quantité prosodique se conserve intacte au milieu des nombreux changements que subit la forme des mots. Il y a cependant dans toutes les langues des exemples de changement dans la *quantité;* ces anomalies proviennent de différentes causes;

soit parce que l'accent, pour équilibrer le mot, a changé une syllabe longue en une brève, comme dans *molestus* (de *moles*), *pejero*, *dejero* (de *juro*), *maledicus* (de *dico*); soit qu'on perdît de vue l'étymologie du mot comme dans *nihil* (de ni-*hîlum*), ou enfin que, trompée par l'analogie d'autres mots, la prononciation se soit pour ainsi dire égarée, comme dans *duc-s* (de *dîco*). Plus la forme d'un mot est détériorée, plus le changement de quantité doit y être sensible; et comme un mot peut subir plusieurs transformations dans sa forme, la quantité de sa voyelle radicale peut aussi changer plusieurs fois de suite. Ainsi le mot latin primitif *vlugus* (peuple) du thème V-LAKA avait la voyelle radicale *brève*; en se changeant en *vulgus* ou *pulgus* (dorien polchos, all. folk), cette voyelle devint *longue*; *pulgus*, par la transposition de la consonne liquide, se changea en *puglus* (gr. *hochlos*), où la voyelle radicale est *longue* et *brève* à volonté. Enfin *puglus*, se changeant en *puplus* (cf. pupli-cola, plebes) et *poplus* en *populus*, la voyelle radicale retourna à sa quantité primitive *brève*. Tous ces changements que nous venons de citer ne prouvent rien contre la vérité du principe établi. Ce principe est tellement puissant dans les langues, que non-seulement une voyelle, tout en se changeant en une autre, *conserve* sa quantité, mais que même *deux* voyelles, en se confondant, produisent une troisième dont la *qualité* ou le son n'a rien de commun avec elles, mais dont la *quantité* est le résultat de la quantité de l'une ajoutée à celle de l'autre. Ainsi $a + i = \acute{e}$; $a + u = \acute{o}$; dans $\acute{e}$ et $\acute{o}$, a et i et a et u ont complétement disparu; mais $\acute{e}$ et $\acute{o}$ renferment la quantité de a ajoutée à celle de i, et la quantité de a ajoutée à celle de u. Si l'une des voyelles est *longue*, ou si toutes les deux le sont, leur quantité ne s'ajoute pas arithmétiquement, mais se confond dans une seule voyelle *longue*, parce qu'il n'y a pas différentes espèces de longues (voy. p. 4). Ainsi $\acute{e}$ résultant de $\hat{a} + i$, n'est pas plus long que $\acute{e}$ résultant de $a + i$, et $\acute{o}$ produit par $\hat{a} + \hat{u}$ n'est pas plus long que $\acute{o}$ produit par $a + u$. A l'exception des longues, les voyelles gardent donc toujours leur quantité, même en se confondant avec une autre voyelle.

Il y a plus : une voyelle peut disparaître entièrement du mot, c'est-à-dire perdre sa *qualité* ou son individualité, et cependant sa *quantité* n'en reste pas moins dans le mot comme trace ineffaçable de l'existence antérieure de cette voyelle. Ainsi, par exemple, le participe passé de faci-o était dans l'origine *faci-tus* ou *face-tus*. Par le rapprochement de *c* et de *t* la voyelle *e* a été écrasée ou élidée; elle a disparu, mais sa *quantité* n'en est pas moins restée dans le mot; elle s'est rejetée sur la voyelle radicale, qui, de brève qu'elle était originairement, en est devenue *longue*, de sorte qu'au lieu de *facitus* on dit *făctus*.

1.er *Corollaire.* La contraction de deux voyelles produit toujours une voyelle *longue*; mais elle ne produit jamais *plus qu'une longue* équivalente à deux brèves.

2.e *Corollaire.* Une voyelle élidée rejette sa quantité sur la voyelle précédente et la rend *longue.*

Les trois principes que nous venons de poser dans ce chapitre étant prouvés, nous en déduirons toutes les causes pour lesquelles une voyelle brève devient longue, et une voyelle longue redevient brève.

CHAPITRE III.

Causes pour lesquelles une voyelle devient longue.

Ces causes sont de deux espèces : elles sont ou *grammaticales* ou *euphoniques*; les premières concernent la signification *grammaticale* des voyelles, les secondes leur nature phonique.

CAUSE GRAMMATICALE.

§. 1.er *Dérivation grammaticale interne.* — Comme la voyelle brève est *antérieure* à la longue (voy. p. 14), il s'ensuit qu'un mot avec une voyelle radicale *longue* n'est pas un mot primitif, mais un mot *dérivé.* Par conséquent, pour indiquer qu'un mot est dérivé, il a suffi de donner à sa forme grammaticale une voyelle radicale *longue.* Tel est en effet le moyen dont la grammaire s'est servie pour former des mots dérivés. Cette dérivation, nous l'appelons *interne*, parce qu'elle s'opère dans l'intérieur du thème primitif. La dérivation *externe* au contraire (voy. p. 42) s'opère dans la partie extérieure du thème, en ajoutant à ce thème un élément nouveau.

Pour rendre longue la voyelle radicale dans les dérivés, la grammaire place un *a* devant la voyelle radicale du thème. Ainsi quand la voyelle radicale du thème est *a*, celle du dérivé est *aa* ou *â*. Ex. Thème : RᴀGᴀ (surgir, s'élever); dérivé : lat. *rêgs* (p. râga-s), sansc. *râgâ* (p. râ-gants). Si la voyelle radicale du thème est *i*, celle du dérivé est la diphthongue *aï*. Ex. Thème : DɪVᴀ (être saillant, brillant); dérivé : lat. *dîvus* (p. daivus, deivus), grec *theios* (p. thaifos, theifos), sansc. *dêvas* (p. daivas). Enfin, si la voyelle radicale est *u*, celle du dérivé est la diphthongue *au*. Ex. Thème : RᴜHᴀ (être éclatant, brillant), dérivé : sansc. *rôhitas* (p. rauhitas), island. *raudr* (p. rauhdr), v. h. all. *rôt* (p. rauht). C'est ainsi que beaucoup de voyelles sont devenues longues par *dérivation grammaticale*.

CAUSES EUPHONIQUES.

§. 2. I. *Contraction de deux voyelles en une.* — La principale cause euphonique de la longueur des voyelles est la contraction. Nous avons vu (v. p. 13) que l'hiatus est contraire à l'euphonie : c'est pourquoi les différentes langues tendent à le changer par contraction en diphthongue ou en concrétif. Cette tendance de simplifier les sons s'étend même jusque sur les diphthongues, qui deviennent des voyelles simples mais *longues*, parce que la voyelle, ou le concrétif résultant de la fusion ou de la synérèse de deux autres voyelles, est toujours *longue* (voy. Coroll. 1, p. 17). Les différents cas de contraction sont les suivants : 1.º *Contraction ou fusion simple.* Ex. cœtus (p. coitus); *côgo* (p. côago); *dêgo* (p. dêago); *nôn* (p. neûnum); *dêmo* (p. deimo); *tâ* (p. tuam), etc.; 2.º *Contraction après élision de consonne.* Ex. *Dî* (p. dîvî, dîhî, dîî); *nêmo* (p. nekomon, neomon), *môtum* (p. movêtum, mohêtum, moêtum), etc.; 3.º *Contraction après insertion de voyelle euphonique.* La prononciation insère quelquefois une voyelle euphonique entre la voyelle radicale et la consonne qui la suit (voy. Poëmes isl., p. 54, suiv.). Cette voyelle euphonique, en se confondant avec la voyelle radicale, la rend *longue*. Ce cas, assez fréquent dans les autres langues, est cependant rare en latin. Ex. *Marcipôr* (p. Marci puer), *Quintipôr*, *Caipôr*, etc. ; *puer* (en grec poir, païds) est formé de *pur*(us) (p. pusus, gr. dorien por). La voyelle euphonique est plus fréquente devant la nasale *n* ; ex. *facie-ndus* (p. facendus), *capiu-nt* (p. capu-nt), *abeu-ntes* (p. abe-ntes), etc. ; 4.º *Contraction par synérèse.* Si deux voyelles se suivent, la prononciation en fait quelquefois une diphthongue ou un concrétif, en les prononçant d'une *seule* émission de voix. Ainsi, au lieu de *equ-us, cu-i, de-inde, ferre-i, genu-a*, etc., on prononce *eq-vus, c-ui, dei-nde, ferr-ei, gen-ua*, etc. ; 5.º *Contraction après transposition de voyelle.* Ce cas est le plus fréquent dans toutes les langues, et celui qui mérite particulièrement notre attention. Comme il a été prouvé que dans l'origine toute consonne était suivie d'une voyelle (voy. p. 5, suiv.), il est évident que toutes les fois que deux consonnes se suivent immédiatement, il y a eu une élision de voyelle. Or, comme dans *le grand creuset de la nature rien ne se perd*, cette voyelle élidée se rejette sur la voyelle précédente, et en se confondant avec elle la rend *longue* (voy. p. 17). Ex. lat. *lèctus* (p. legitus, le'gtus) ; *fèrre* (p. ferere, fe'rre) ; *facùltas* (p. faculitas, facu'ltas) ; *fènstra* (p. fenestra, fe'nstra) ; *malignus* (p. malegenus, mal-né) ; *benignus* (p. bönegenus, bien-né), etc. Ainsi toutes les fois qu'une voyelle est suivie de deux consonnes, elle est *longue* ; cette longueur ne vient pas de la place qu'occupe la voyelle devant deux consonnes ou de sa *position* comme on dit, mais de sa *contraction* avec la voyelle *élidée*.

Quelques savants semblent croire que la voyelle suivie de deux consonnes est devenue longue parce que la voix était pour ainsi dire arrêtée dans son chemin par *l'encombrement* causé par les deux consonnes. Mais, comme les deux consonnes se trouvent la plupart du temps dans *deux* syllabes différentes, ou bien l'une à la fin du mot, et l'autre au commencement du mot suivant, ou bien encore toutes les deux au commencement du mot, il ne peut pas y avoir *encombrement*. Il y a plus, deux consonnes, loin de prolonger la voyelle qui les précède, la rendent au contraire *brève* dès qu'elles se trouvent dans la même syllabe, et que l'une seulement d'entre elles est radicale. C'est pourquoi l'orthographe, dans beaucoup de langues, double les consonnes pour indiquer que la voyelle qui les précède est brève. Ex. fr. *patte* et *pâte; trompette* et *tempête;* all. *mann, kann, ball, narr,* etc. Il est donc évident que ce n'est pas l'encombrement des consonnes, mais la contraction des voyelles qui est la véritable cause de ce qu'on appelle la *position.*

La règle de la position est *générale,* c'est-à-dire, que la voyelle est *longue* toutes les fois qu'elle est suivie de deux consonnes, soit que ces consonnes se trouvent dans le même mot ou dans deux mots qui se suivent, soit qu'elles se trouvent au commencement du mot qui suit celui à la fin duquel la voyelle est placée. Toutes les exceptions qu'on cite ordinairement s'expliquent et sont justifiées d'une manière naturelle par notre théorie. Ainsi, quand la seconde consonne est un *h,* il n'y a pas de *position,* parce que, *h* ne se faisant pas entendre comme consonne dans la prononciation, la voyelle dont elle est suivie passe pour être la voyelle de la première consonne. D'après cela, *adhuc* se prononce a-du-c; *anhelo* se prononce *a-ne-lo.* Comme *h* ne compte pas pour consonne, les poëtes, pour éviter la position, changent quelquefois *s* placé à la fin du mot en *visarga* ou *aspiration*[b]; ainsi, au lieu de *horridûs miles,* ils disent : *horridu(h) miles;* au lieu de *legeris, celebraberis,* ils disent : *legere(h), celebrabere(h)* (cf. Cicéron, *Orator,* c. 45, 48). *J,* en latin, est une consonne *simple;* par conséquent, il ne peut pas former position à lui tout seul. Si dans *mâjor, Pompêjus,* etc., la voyelle qui précède *j* est *longue,* c'est que, dans mâjor, *j* est placé pour deux i, et que le premier *i* forme avec la voyelle radicale une espèce de diphthongue, *mâi-ior* (p. magior). Le mot *Pompêjus* (p. pompê-iu-s) est un adjectif dérivé de *pompa* (gr. pompê), qui, dans l'origine, avait la dernière voyelle *longue,* comme tous les mots de la 1.re et de la 5.e déclinaison; par conséquent, *ŏ* n'est pas long par *position*, mais pour une tout autre cause (v. p. 59, 60). *Qv* ou *gv* dans *æqvus*, *aqva*, *liqvor*, *lingva*, *angvis*, etc., n'est pas une consonne *double*; *v*, originairement *u*, est une semi-consonne, parce qu'il est suivi d'une voyelle, et qu'il ne forme pas une syllabe comme dans *ambigu-ua*, mais un concrétif avec la voyelle suivante (cf. Poëmes isl., p. 96). *Z* n'est pas une consonne latine. En grec, cette consonne dérive tantôt d'un *d*, devenu aspiré, surtout s'il était suivi d'un i (ex. za- [p. dia-], Zan [p. Dian, lat. Dianus, Janus]), tantôt d'un t aspiré (ex. harpazein, lat. raptare), tantôt de la contraction de deux dentales *ds* et *sd*. Si z est la contraction de deux consonnes, c'est une consonne double, et forme par conséquent position ; ex. attique *máza*; dorien *mádda*; lat. *mássa*; attique *amázones*; mais si z n'est que l'aspiration d'une dentale, il ne forme pas position en grec, et par conséquent non plus en latin. La voyelle *i*, dans *patrisso*, n'est donc pas longue par position, le caractère double *ss* n'étant que l'expression graphique de la prononciation *rude* du t aspiré, comme le *sz* des Allemands ; cet *i* est long par contraction de *ia*, puisqu'on dit, en grec, *patriazo*; cf. gr. komízomai, lat. commíssari. *X*, placé au milieu et à la fin des mots, est une abréviation graphique de *gs* ou *cs*, et rend par conséquent *longue* la voyelle dont il est précédé ; ex. *nêxus* (p. nectus, necsus), *sexus* (p. sectus, secsus, section, genre); mais *x*, placé au commencement du mot, ne se trouve, en latin, que dans des mots empruntés au grec. Cette consonne grecque représente généralement les deux consonnes *ks*; mais comme, en grec, *ks* sont des consonnes *compatibles*, elles ne forment pas position, et par conséquent non plus en latin. Nous appelons consonnes *compatibles*, celles qui, dans certaines langues, se prononcent sans l'intermédiaire d'une voyelle quelconque. Les consonnes *incompatibles*, au contraire, sont celles entre lesquelles la prononciation insère toujours une voyelle, comme, par exemple, *pt*, *kp*, etc., que nous prononçons *pe-te*, *ke-pe*, etc. Comme, dans les consonnes compatibles, l'oreille ne s'aperçoit pas d'une élision de voyelle, elles peuvent passer pour des consonnes *simples*, et par conséquent ne pas former position. Mais l'organe de la voix différant de nation à nation, les mêmes paires de consonnes sont quelquefois *compatibles* dans telle langue, et *incompatibles* dans telle autre. Pour trouver les consonnes compatibles dans chaque langue, il faut examiner quelles sont les paires de consonnes qui peuvent se trouver au *commencement* des mots de cette langue. En grec, les consonnes compatibles sont assez nombreuses; ce sont : *bl, br, bd, pl (s-pl), pr, phth, phr, phl, pt, ps, kl, kr, kn, ks, kt, gl, gr, gn, chl, chr, chn, tl, tr, tm, thl, thr, thn, st (s-tr), sp, sph, sm, sk* et *sch*. Toutes ces paires de consonnes peuvent être considérées par les poëtes comme des consonnes *simples*, et par conséquent, si l'accent ou d'autres circonstances ne s'y opposent pas, elles peuvent ne pas former position ; ainsi, par exemple, *sk, sm, kn, ch*, ne rendent pas la voyelle précédente longue; c'est pourquoi Catulle, à l'exemple des Grecs, emploie comme *brève* la voyelle *a* dans *unda Scamandri*. On trouve dans Ovide, à la fin d'un hexamètre, *lucente smaragdis :* Martial dit : *perniciosus ichneumon*, et les poëtes latins emploient souvent le mot *cycnus* (gr. κυκνος) au lieu de *cȳgnus*. En latin, les consonnes *compatibles* sont en plus petit nombre ; ce sont les suivantes : *bl, br, pl, pr, fl, fr, cl, cr, gl, gr, tr, sc, sp, st, (s-tr, s-tl)*. Si une voyelle est suivie d'une de ces paires de consonnes, alors il y a *position faible* ou position *facultative*, c'est-à-dire, que la voyelle peut devenir longue ou rester brève, selon que l'accent, l'harmonie, la place du mot, le rhythme du vers et autres circonstances, exigent l'un ou l'autre. Cependant, comme la langue latine observe bien plus strictement que le grec la règle de la position, elle ne fait que *tolérer* la voyelle brève devant une paire de consonnes compatibles; le plus souvent elle exige que cette voyelle devienne *longue*. Ainsi, *sc, st, sp*, etc., placés au milieu du mot, ont presque toujours rendu longue la voyelle précédente; de même qu'en sanscrit la consonne ʲʰ, qui correspond au grec *sk*, forme toujours position, bien qu'elle se compose de deux consonnes compatibles.

On doit donc toujours considérer, en latin, comme des exceptions à la règle générale de la position ou comme des licences poétiques plus ou moins grandes, les exemples suivants : *ponite ; spes* (Virgile) ; *regia sceptra* (Ovide) ; *sæpe stylum vertas* (Horace), etc. ; mais ces licences s'expliquent et se justifient suffisamment par ce que nous avons dit des consonnes *compatibles*, qui, dans la prononciation, peuvent passer pour des consonnes *simples*, et par conséquent, ne pas former position.

La position n'est pas seulement *forte* (obligatoire) ou *faible* (facultative), elle est aussi *patente* ou *latente*. Il y a position patente, quand les consonnes qui la produisent sont exprimées toutes les deux dans la prononciation et l'écriture ; ex. *trabs*, etc. Nous appelons position *latente* celle où l'une des deux consonnes a disparu de la prononciation et de l'écriture, de sorte que la cause qui a produit la position n'est plus visible, mais que cependant l'effet en subsiste encore ; ex. *pès* (p. pèds) ; *ès* (p. edis, èds), etc. C'est par la position *latente* que s'expliquent quelques licences poétiques en latin. Ainsi, les Grecs avaient coutume de doubler dans la prononciation les consonnes *l, m, n, r, s ;* cette prononciation se fait même remarquer jusque dans les formes grammaticales ; ils disaient : *isor-rhopos* (p. iso-rhopos) ; *autos-sutos* (p. auto-sutos ; *érrheusa* (p. é-rheusa) ; *glukur-riza* (p. glukuriza, réglisse). Imitant cet exemple, les poëtes latins, pour avoir une voyelle longue, doublent quelquefois la consonne qui suit cette voyelle ; ex. *Drymoquè Xanthoque* (Virgile), qu'on prononce *Drymoquex Santhoque.*

La règle de la position une fois établie, on l'appliqua à tous les cas où une voyelle était suivie de deux consonnes, bien qu'il n'y eût point de voyelle élidée. Ainsi, la position résulte quelquefois de ce que, par une *synérèse* trop forte, une voyelle est devenue *semi-consonne* ; ex. de *so-luo* (p. se-luo) s'est formé *sôlvo.* La position peut encore provenir de l'insertion d'une *consonne euphonique* entre deux liquides (cf. Poëmes isl., p. 81) ; ex. *templum* (p. temulum, tem'lum, gr. temenos) ; *exemplar* (p. exemular, de eximere), etc.

6.° *Contraction après vocalisation d'une consonne.* — Ex. Aufero (p. abfero, avfero); *màjor* (p. magior, mài-ior); *bigæ* (p. bijugæ, biiugæ, biugæ). Les consonnes nasales *n* et *m*, placées à la fin d'une syllabe ou d'un mot, aiment également à se changer en *voyelle nasale.* En français les exemples sont nombreux comme en (lat. in); *non* (lat. non); on (lat. homo), etc. En latin, *m* à la fin des mots s'est également *nasalisé*, surtout dans l'idiome *rustique* ou populaire (lingua rustica), d'où sont dérivées plus tard les langues *romanes.* La voyelle qui résulte d'une nasale vocalisée, n'a pas une existence à elle, c'est-à-dire qu'elle ne peut pas être séparée de la voyelle qui la précède. Aussi les grammairiens hindous l'ont-ils appelée *anusvâra* (all. Nachklang, prolongement de son ou de voyelle), et dans quelques écritures elle n'est pas exprimée par un caractère particulier comme les autres voyelles, mais par un signe qui, quoique formé d'une manière analogue, diffère pourtant dans les différentes langues (voy. Poëmes isl., p. 82). Quelquefois même cette nasale vocalisée n'est pas exprimée du tout, comme dans les anciennes inscriptions latines et sur les tables d'*Iguvium.* Ainsi sur le sarcophage de *Luc. Cornel. Scipio Barbatus* on lit les mots *Taurasia.*, *Samnio.*, *omne Loucana.*, etc., sans *m* ou autre signe à la fin de ces mots. Dans l'inscription tumulaire de *Luc. Scipio* (consul l'an de Rome 496), on lit *cosentiont. uno. duonoro.*, etc., au lieu de con*sentiont*, *unom*, *duonorom* (bonorom). Cf. *Orelli*, Corpus inscript. lat. n.° 552, 640, 3247, etc. Plus tard les Latins indiquèrent le *m* ou le *n* nasalisé par un *titre* placé sur la voyelle précédente; ex. *tūsus* (p. tunsus); *cōsul* (p. consul); *quotiēs* (p. quotiens); *totiēs* (p. totiens), etc. La nasale vocalisée, étant un *prolongement de voyelle*, rend nécessairement la voyelle précédente *longue*, à moins que cette voyelle ne soit pas déjà longue de nature, comme à l'accusatif singulier de la première et de la cinquième déclinaison, et au génitif pluriel de toutes les déclinaisons. Ainsi toute voyelle naturellement brève et suivie d'une nasale, devient longue du moment que cette nasale se *vocalise.* Ex. gr. *Kôstantinos* (p. Konst.); *Oualès* (p. Valens); *pâsin* (p.

pansin); *Lucàs* (p. Lucan's); *tuptousi* (tuptonti); lat. *gaza* (p. ganza, sansc. ga'za, arab. kan'zun); *ignavus* (p. ingnavus); *ignarus* (p. ingnarus); *ignotus* (p. ingnotus); *côgito* (p. con-gito, sansc. sam-'jintaya); v. fr. *espouse* (l. sponsa); *couvent* (lat. conventum); *coustume* (l. consuetudo); *moustier* (lat. monasterium). Quelquefois la voyelle nasale se change en *a* ou en *i*, lequel forme un concrétif avec la voyelle qui le précède; ex. grec *didoasi* (p. didonsi); *titheasi* (p. tithensi); dorien *pathoisa* (p. pathonsa, pathousa); attique *kteis* (p. p'ktens, lat. pecten); fr. *poids* (l. pondus); *toise* (b. lat. tensa); *toison* (l. tonsio); *mois* (lat. mensis). Quelquefois même la voyelle nasale se perd, et alors la voyelle précédente redevient *brève*; ex. fr. *mesure* (lat. mensura); *maison* (lat. mansio); *île* (lat. insula); ital. *costanza* (lat. constantia). C'est pour cette raison que la voyelle finale dans *ego, lego, triginta, quadraginta, cornu, tonitru, genu, gelu*, etc., est tantôt *longue*, si on la prononce avec la voyelle nasale provenant de *m*, qui terminait anciennement ces mots, et tantôt *brève*, si on la prononce sans faire entendre ce prolongement de son nasal.

§. 3. II. *Expiration de la voix dans l'exclamation et dans la pause.* — Une seconde cause euphonique, qui rend les voyelles longues et qui a quelque analogie avec le prolongement de son nasal dont nous venons de parler, c'est l'expiration de la voix. Il est dans la nature de la voix quand elle *expire* ou cesse, de prolonger encore pendant quelques instants ses vibrations, et par conséquent de rendre *longue* la dernière voyelle du mot. La voix expire de la sorte dans les deux cas suivants: 1.° dans les *exclamations* ou interjections; car le soupir, le cri de douleur ou le cri d'admiration expire lentement sur les lèvres ou s'exhale librement dans l'air. Aussi les voyelles des interjections sont-elles naturellement *longues*; ex. *ô! ôhé! êheu!* etc. 2.° La voix expire encore dans la *pause*, c'est-à-dire à la *fin* du vers ou de la phrase. La pause peut donc allonger une voyelle qui est naturellement brève, et c'est pour cette raison que par exemple un hexamètre peut se terminer tout aussi bien par un trochée que par un spondée.

Dans les langues fortement accentuées, la phrase rhythmique ou oratoire se termine le plus souvent par deux syllabes longues, dont la première, ayant l'accent, sert à arrêter le cours de la voix, et la seconde à la laisser expirer lentement sur les lèvres. Aussi les massorèthes ou grammairiens juifs ont-ils rendu *longue* la penultième de chaque vers, ou du moins la dernière voyelle de chaque verset du texte hébreu.

Après avoir indiqué les causes pour lesquelles une voyelle devient *longue*, nous énumérerons maintenant celles qui font qu'une voyelle longue redevient *brève*.

CHAPITRE IV.
Causes pour lesquelles une voyelle longue redevient brève.

Les causes qui rendent brève une voyelle devenue longue, ne sont pas *grammaticales*, mais seulement *euphoniques*; on peut les ramener toutes aux quatre points suivants: 1.° la *synérèse*; 2.° l'*influence des consonnes finales*; 3.° le *déplacement de l'accent*, et 4.° l'*exigence du mètre*.

§. 1.ʳ *Synérèse.* — C'est une règle générale en latin qu'à l'exception de la diphthongue proprement dite toute voyelle longue devient brève si elle est placée devant une autre voyelle, soit simple soit diphthongue; et en voici la raison. Excepté dans la diphthongue, toute voyelle, placée devant une autre, produit nécessairement un *hiatus*, que la prononciation ou l'euphonie tend à faire disparaître par la *synérèse*, en prononçant les deux voyelles d'une seule émission de voix, c'est-à-dire en en faisant un *concrétif* (voy. p. 13). Ainsi le mot vieux-latin *deivus*, après avoir perdu le digamma éolien F ou V, avait la forme de *dei-us* ou *di-us*. Pour éviter l'hiatus *iu*, on prononçait *iu* d'une seule émission de voix, et ne pouvant en faire une diphthongue proprement dite, on en fit un concrétif. Or, le concrétif ayant l'accent sur la *seconde* voyelle, il arrive nécessairement que la voix glisse légèrement sur la voyelle longue *i*, et vient tomber sur la seconde voyelle *u*. C'est pourquoi la voyelle *i*, de longue qu'elle est, devient brève, et au lieu de *dĕ-us* on dit *dĕ-us*. D'après ce même principe il se fait qu'en grec une longue placée à la fin d'un mot et suivie d'une voyelle devient brève. Il en résulte encore que si la voyelle suivie d'une autre voyelle est *brève*, cette brève devient tellement faible par la synérèse, qu'elle finit par disparaître entièrement ou par être élidée : ainsi *ille ego* se prononce *ill' ego*[1]. Les Latins allaient jusqu'à élider une voyelle *longue : Musæ aderant* se scandait *Mus' aderant*. C'est pourquoi la voyelle finale, suivie d'un *m* nasalisé, étant *longue* (voy. p. 24), elle s'élide également devant une autre voyelle : ainsi *illum etiam* se scandait *ill' etiam*. Quelquefois les poëtes élident la *seconde* voyelle au lieu de la première, pour distinguer le neutre du masculin et du féminin : on trouve, par exemple, dans Lucrèce : *dicendum 'st* au lieu de *dicend' est*, parce que cette dernière forme nous laisserait ignorer si elle est une élision de *dicendum est* ou *dicenda est* ou *dicendu(h) est* (cf. Ennius, *paratust*, p. paratus est ; voy. Festus, p. 16). L'usage d'élider entièrement les voyelles *longues*, au lieu de les rendre seulement *brèves*, n'a pas eu lieu anciennement dans la poésie latine. Les anciens poëtes latins et ceux des postérieurs qui imitaient les anciens, fournissent beaucoup d'exemples de voyelles longues non élidées, mais seulement devenues brèves comme en grec. Ex. *Militum* | *octo* (Ennius) ; *vomerem* | *atque ; insulæ* | *Ionio ; te a* | *mice ; si me a* | *mas* (Virgile), etc. L'élision n'a jamais lieu pour les interjections, qui, comme monosyllabes, ne pourraient être élidées sans disparaître entièrement de la phrase. C'est pourquoi elles ne font que devenir brèves. Ex. o *Alexi!* Quelquefois même elles ne *s'élident* ni ne deviennent *brèves* (voy. Ovide, Métam. 14, 834). Cependant c'est toujours une licence poétique de ne pas faire l'élision ; et cette licence n'est permise que pour les syllabes *lon-*

---

[1] Dans Lucrèce, III, v. 1048, éd. Creech, nous lisons *famal infimus*. Cette leçon nous semble fautive, puisque *famul* n'est pas une forme latine, mais osque et umbrique. Il faut lire, selon nous *famulu infimus*. Famulu est pour *famulus*, *famuluh* (voy. p. 20), et l'u final, étant suivi d'une voyelle, s'élide dans la mesure du vers.

gues. Ex. *Sa|mô hic; peco|ri et; spè ini|mica* (Virgile). Le seul cas où il soit permis de ne pas élider une voyelle *brève*, c'est quand elle se trouve séparée de la voyelle suivante par la ponctuation, de sorte que, réparties dans deux mots séparés par le sens, les deux voyelles ne peuvent pas agir l'une sur l'autre. Ex. *Patu|it dea.| Illa ubi*, etc. (Virgile). Parmi les exceptions à la règle de la synérèse, il faut citer les suivantes : 1.° La voyelle longue *a*, placée dans le même mot devant un *i*, ne devient pas brève, parce que *ai* n'est pas un *hiatus*, mais une *diphthongue*, formée soit par la grammaire soit par le hasard. C'est pourquoi l'ancien génitif singulier de la première déclinaison est *rosâi* et non pas *rosai*; de même on dit *Câi, Pompéi, Vultéi*, etc. 2.° La voyelle longue *é* reste également longue au génitif et au datif de la troisième déclinaison, toutes les fois qu'une voyelle la précède; car dans ce cas cette voyelle forme avec l'*é* long un *concrétif* et non pas un hiatus. Ainsi *diéi* se prononce *diē-i*. Mais si *é* n'est pas précédée d'une voyelle, alors il forme un concrétif avec la voyelle qui le *suit*, et comme dans ce cas l'accent tombe sur cette dernière voyelle, l'*é* devient naturellement bref par synérèse (voy. p. 26). Ainsi on dit *r-ei, fid-ei, aud-iébam* au lieu de *ré-i, fidé-i, audi-ebam*. Cependant Lucrèce, par licence poétique, emploie des formes comme *réi, fidéi* et autres semblables. 3.° La voyelle *i* dans *fiô* étant longue par *contraction*, reste longue devant toutes les terminaisons, excepté devant *r*, parce que dans ce cas la prononciation insère la voyelle euphonique *e* entre la liquide et la voyelle radicale *i* (voy. Poëmes isl., p. 55); cette voyelle euphonique fait que *i*, dont elle est précédée, devient brève par synérèse. C'est pourquoi on ne dit pas *fi-ri* mais *fie-ri*. 4.° Dans *alius*, *i* reste longue, parce que c'est une contraction de *iu*; *ali-us* est contracté de *aliu-us* (voy. p. 65). Par la même raison *i* ou *e* reste long dans tous les mots tirés du grec, parce que cette voyelle remplace la diphthongue grecque *ei* (ai). Ex. *Chorêa, spondêus, litania*, etc.

§. 2. *Influence des consonnes finales.* Il y a certains cas où, par l'influence de la consonne finale, la voyelle longue qui la précède devient brève; ces cas sont les suivants : 1) *Voyelle suivie d'un t final.* Si la consonne dure et *explosive t* n'est point suivie d'une voyelle sur laquelle elle puisse s'appuyer, elle retombe de tout son poids sur la voyelle précédente et la rend *brève* en la comprimant. Ainsi, on dit *ama-t, amaba-t, amavi-t, ame-t, amare-t, amavisse-t,* etc., au lieu de *amā-t, amabā-t, amavī-t,* etc. C'est donc une licence poétique que de conserver à cette voyelle sa longueur naturelle, et cette licence n'est permise que quand l'accent tombe sur la voyelle; ex. *solèt aut* (Ovide) ; *nescit aut* (Juvénal); *essèt indoperator* (Ennius) ; *præterīt iterum* (Ovide), etc. 2) *Voyelle suivie d'un r final.* Si t rend brève par sa pesanteur la voyelle qui le précède, r, au contraire, la rend brève par sa mollesse; et voici pourquoi : la liquide *r*, placée à la fin du mot après une voyelle *longue*, tend à se changer en *visarga* (expiration de voix) ou à se dissoudre entièrement par suite de sa liquidité. Pour pouvoir se maintenir il faut que *r* s'attache à une consonne, et c'est pourquoi, dans toutes les langues, *r* a toujours la tendance de se rapprocher de la consonne; ex. grec : *patros, patrasi;* lat. *patris, patrum;* fr. *pâtre, albâtre;* angl. *iron* (qu'on prononce aïeurn), etc. Or, pour pouvoir s'approcher de la consonne il faut que r comprime la voyelle longue dont il est précédé; ce qui fait que cette voyelle devient naturellement *brève;* ainsi on dit : *amaba-r* (p. amabā-r), *ame-r* (p. amê-r), *amare-r* (p. amarê-r), *licto-r* (p. lictô-r), *pavo-r* (p. pavô-r), etc. Il va sans dire que la voyelle reste longue toutes les fois que r est *suivi* d'une voyelle sur laquelle il puisse s'appuyer; ainsi, on dit : *amabā-ris, lictô-ris, pavô-ris.* En sanscrit, *r* placé à la fin du mot après une syllabe longue, se dissout, au point de disparaître entièrement; il ne reparaît que quand il peut s'appuyer sur une voyelle; ex., au lieu de *pitā-r* (le père) on dit *pitā;* mais, à l'accusatif, *r* reparaît dans *pitā-ram.* Par une licence poétique, à la vérité bien rare, la voyelle longue, suivie d'un r final, conserve en latin sa longueur naturelle, mais seulement dans les cas où cette longueur est soutenue par l'*accent.* Ainsi, on trouve dans Virgile : *luctus ubique pa-*

vôr, etc. 3) *Voyelle suivie d'une consonne double.* Il est dans la nature de certaines consonnes de ne pas pouvoir être *doublées* à la fin des mots ; c'est pourquoi elles restent simples, et par conséquent la *position* ou l'effet produit par la duplication cesse en même temps. Ainsi *s*, étant une consonne sifflante, n'aime pas à être doublée à la fin du mot ; c'est pour cette raison qu'on dit *os* (p. ôss, génitif óssis). Les liquides *l* et *r* ne peuvent pas se doubler non plus à la fin des mots. Ex. *fel* (p. féll, génitif féllis) ; *mel* (p. méll, génitif méllis) ; *cor* (p. côrr, côrd, génitif côrdis).

§. 3. *Déplacement de l'accent.* Comme en général la prononciation des consonnes doubles est rude et forcée, on l'adoucit en ne prononçant qu'une des consonnes. La duplication ne se maintient que dans les syllabes *accentuées* (cf. Festus, p. 7, 101 ; fr. aposter p. apposter ; appeler, prononcez : apeler, etc.). C'est pourquoi en latin, si l'accent se déplace, la consonne devient simple, et par conséquent la *position* disparaît ; ainsi, on dit *mamilla* (p. mâmmilla de mámma) ; *farina* (p. fárrina de fárr), *idem* (p. íddem) ; *omitto* (p. ómmitto) ; *aperio* (p. ápperio) ; *oportet* (p. obportet ; all. ge-bürt). Cependant on dit *divido* (p. disvido, dívvido), *dimico* (p. dis-maco, cf. gr. machè), etc., parce que dans ces mots l'accent appuie plus fortement sur la préposition *dis*.

§. 4. *Exigence de la métrique.* Une voyelle longue peut encore devenir brève par licence poétique, si le mot, en conservant la longueur de cette voyelle, s'oppose au rhythme métrique du vers. C'est ainsi que les poëtes emploient comme bref l'*é* dans la troisième personne du pluriel du parfait, parce que des verbes comme *stetêrunt, defuêrunt, annuêrunt*, etc., renfermant un trochée, ne pourraient jamais entrer dans un vers hexamètre.

Dans le chapitre précédent nous avons indiqué les causes par lesquelles une voyelle brève devient longue. Nous venons d'énumérer dans celui-ci les cas où une voyelle longue redevient brève. Ces derniers cas sont, à proprement parler, des exceptions ou suspensions d'effet des différentes causes qui rendent longue une voyelle originairement brève. Comme exceptions à la règle, il importait de les connaître, et nous avons dû nous en occuper, bien que l'essentiel était de connaître la règle, c'est-à-dire, les cas où une voyelle brève devient longue. Nous étant maintenant rendu compte et de la règle et des exceptions, la question que nous nous sommes proposée est résolue, la théorie de la quantité prosodique est complète.

CHAPITRE V.
Moyens de connaître la quantité prosodique des voyelles.

Après avoir expliqué la théorie de la quantité prosodique, il nous reste dans la seconde partie de ce traité à en faire, par l'application, la contre-épreuve; ou en d'autres termes, à montrer que réellement tout, dans la prosodie-latine, se rattache au petit nombre de principes que nous venons de poser. Avant de passer à cette seconde partie de notre sujet, il conviendra d'examiner quels sont les moyens de connaître la quantité des voyelles et d'indiquer ensuite l'ordre ou le plan d'après lequel les matériaux devront être disposés dans un traité de prosodie.

I. Les moyens de connaître la quantité prosodique des voyelles sont les suivants :

1) *L'inspection de la forme des mots.* La position, par exemple, se reconnaît facilement par l'inspection de la forme du mot ; on n'a qu'à examiner si la voyelle est suivie de deux consonnes. Cependant, comme la position peut être latente et qu'il y a une foule de causes qui rendent une voyelle longue ou brève, il ne suffit pas de l'*inspection* seule pour trouver la quantité prosodique d'une voyelle. Il est vrai, la connaissance de la prosodie serait de beaucoup facilitée, si l'orthographe des langues était plus exacte et qu'elle exprimât les voyelles longues et brèves par des caractères différents. Cet avantage se trouve en grande partie dans l'écriture sanscrite, qui n'emploie pas les mêmes caractères pour les voyelles longues et les brèves. En grec, on a au moins l'avantage de pouvoir borner l'étude de la quantité aux voyelles α, ι et υ, parce que η et ω sont toujours longues, et ε et ο

toujours brèves. En général, les études philologiques seront de beaucoup simplifiées quand un jour l'orthographe des langues sera fondée sur un système raisonné et universel.

2) Un second moyen est l'*analogie*. Parce qu'on dit *cupido*, on peut en conclure qu'on dit aussi *libido*. Cependant, comme l'analogie n'est souvent qu'apparente et qu'elle *nous induit faci-lement en erreur*, ce moyen est naturellement le moins sûr de tous.

3) L'*analyse* ou l'*étymologie* du mot est un moyen presque toujours sûr de trouver la quantité prosodique (voy. p. 15); mais comme elle exige des connaissances et un esprit analytique, qui sont seulement le partage des grands philologues, ce moyen ne saurait être d'un usage général ou vulgaire.

4) L'*accent* des mots composés de plus de deux syllabes, peut quelquefois nous indiquer la quantité des voyelles dans les mots *simples;* ainsi, parce qu'on dit im*probus*, nous pouvons en conclure qu'on dit aussi *probus*, et parce que l'accent est sur la seconde syllabe dans *impûrus*, nous en conclurons qu'il faut dire *pûrus*. Cependant l'*accent* prosodique ne correspond pas toujours à la *quantité* prosodique; et comme d'ailleurs la théorie de l'ac-cent est beaucoup plus difficile à saisir que celle de la quantité, ce moyen sera naturellement d'un usage fort restreint.

5) Le moyen le plus sûr et le plus ordinaire, c'est de voir quelles sont les voyelles qui, dans les *vers des poëtes*, figurent comme longues, et quelles sont celles qui y sont employées comme brèves. Les faits qu'on constate par ce moyen d'une ma-nière positive forment les éléments ou les *matériaux* de la science. La *science* elle-même ne se fait et ne s'achève que par la *philo-sophie*. Il ne suffit pas de connaître le *fait*, ce qui *est* ou les *vé-rités*, il faut encore expliquer ces vérités, c'est-à-dire, en montrer la *nécessité rationnelle*, en rapportant d'abord chacune à sa cause *immédiate*, et en ramenant ensuite toutes ces causes à leur prin-cipe commun et métaphysique. L'explication plus ou moins heu-reuse des faits dépend de la *méthode* du philosophe, c'est-à-dire, de sa manière d'envisager les phénomènes, de les enchaîner et de les présenter dans leur ensemble. *Toute* la philosophie réside

donc dans la *méthode*; les *faits*, pris individuellement, sont du domaine de la physique ou de l'histoire. La méthode ne sera juste ou bonne qu'en tant qu'elle sera conforme à la méthode de la *nature* elle-même, c'est-à-dire, à la marche, à l'ordre que la nature a suivis dans la génération ou la production des faits physiques ou moraux. C'est cet ordre, ce plan, que le philosophe doit reproduire dans la disposition des matériaux et dans l'exposition systématique ou la théorie de la science.

Le *plan* d'après lequel nous disposerons les matériaux de la prosodie, est fondé sur l'analyse de la structure grammaticale ou de la formation des mots. Dans les mots on distingue deux espèces de voyelles : 1.° une voyelle *interne* ou *radicale* placée dans le thème primitif après la première consonne; ainsi dans le thème *kamaia* (lat. amâ-), le premier *a* est la voyelle *radicale*; 2.° une, deux ou trois voyelles *externes* qui n'appartiennent pas au thème primitif, mais seulement aux mots *dérivés*; ainsi dans *amatoris*, *amaverunt*, les trois dernières voyelles sont des voyelles *externes*. Notre sujet se divisera donc en deux parties : la première traitera de la voyelle *interne*, la seconde des voyelles *externes*; la première section renfermera les exemples de la voyelle *interne brève* devenue *longue* par suite de la *dérivation grammaticale*, de la *contraction* et de l'*expiration de la voix*. La seconde section se divisera en trois paragraphes, selon les trois espèces de *voyelles externes*, qui sont : 1.° la *voyelle dérivative*; 2.° la *voyelle des suffixes dérivatifs*; 3.° la *voyelle des cas et des terminaisons des verbes*. Nous appelons *voyelle dérivative*, celle qui se trouve dans la syllabe ajoutée au *thème primitif*, pour en former un *thème dérivé*. Ainsi du thème primitif *kama* (courber) se forme le thème dérivé *kama-ia* (avoir inclination), en latin *amâ-*; la seconde voyelle *â* dans *amâ-* est la voyelle *dérivative*. La *voyelle des suffixes dérivatifs* est celle qui se trouve dans les suffixes qu'on ajoute aux thèmes, pour en former certains temps ou personnes du verbe, ou différentes espèces de noms substantifs ou adjectifs : ainsi dans *amâtóris*, *amâmini*, *tóri-* et *mini-* sont des suffixes, et *ó* et *i* les *voyelles des suffixes*. Enfin nous nommons *voyelle des cas et des terminai-sons des verbes*, celle qui se trouve dans les différentes désinences des noms et des verbes, comme, par exemple, *i* et *u* dans *amatori, amatorum, amabis, amamus*, etc.

Dans la seconde partie, ou la prosodie latine, nous donnerons seulement des exemples de voyelles *longues*, et cela par la raison que nous avons déjà expliquée à la page 4. Nous ne donnerons pas cependant tous les exemples que nous fournit le vocabulaire de la langue latine, notre intention ne pouvant être, pour le moment, de faire un dictionnaire prosodique. Aussi ne mettrons-nous qu'un petit nombre d'exemples dans les cadres que nous avons tracés, abandonnant au lecteur le soin de les remplir de plus en plus, et même de les compléter entièrement. Nous jugeons également inutile de donner de nouveaux exemples de voyelles longues *redevenues brèves*. Ces cas étant des exceptions à la règle du changement des voyelles brèves en longues (voy. p. 3o), il suffit d'en connaître les principes pour résoudre toutes les difficultés qui pourront se présenter à ce sujet. — La seconde partie ne devant renfermer que des *exemples* distribués dans leurs cadres respectifs, nous nous serions abstenu d'y ajouter aucune espèce de commentaire, s'il n'avait pas fallu quelquefois expliquer au lecteur pourquoi tel exemple se trouve sous telle rubrique. Ces explications étaient surtout nécessaires au sujet des *voyelles des suffixes*. Pour rendre raison de la quantité prosodique de ces voyelles, il a fallu donner la *théorie* des suffixes ou l'explication de la formation des cas dans les noms et des désinences dans les verbes. Cette théorie nécessita une disposition des matériaux un peu différente du plan général adopté pour la seconde partie de ce mémoire. Mais comme cette anomalie était inévitable, nous croyons n'avoir pas à nous en justifier. Peut-être même que le lecteur nous saura gré d'avoir expliqué dans un traité de prosodie les énigmes que présentait la composition grammaticale des mots. Néanmoins, en étudiant ces détails étymologiques, on aura soin de ne pas perdre de vue le sujet principal, la *quantité prosodique*, et de ne pas oublier que c'était seulement pour rendre raison de cette quantité que nous sommes entré quelquefois dans l'explication des formes grammaticales.

B. APPLICATION DE LA THÉORIE AU LATIN.

PREMIÈRE SECTION.
Voyelle interne longue (voy. p. 88).

CHAPITRE PREMIER.
Voyelle interne longue par dérivation grammaticale (voy. p. 17).

§. 1.er *Dérivés* d'un thème dont la voyelle radicale est *a* (voy. p. 18) : *rêgs* (sansc. rá^djan, gr. archôn [p. râchôn]); *lègs* (posée; cf. all. *lègen*, placer); *têgula* (all. zîgel); *sêdes* (gr. hêthos); *frâter* (gr. phrátôr, all. Brúder); *âcer* (sansc. áçus, gr. ôkus); lat. *cêlo* (all. hélen); *vôx* (sansc. vâḥ); *nâsus* (all. nâse), etc.

§. 2. *Dérivés* d'un thème dont la voyelle radicale est *i* (voy. p. 18) : *dìco* (p. deico, all. zeige, gr. deikô); *scribo* (p. screibo, all. schreibe); *cædo* (p. caido, gr. s-chízo, all. s-cheide); *cœna* (gr. koinè, repas pris en commun); *pœna* (gr. poinè, all. pein); *cœlum* (gr. koilon, all. d. hóle); *dìvus* (sansc. daivas, gr. theios); *ûnus* (p. oinus, all. *ein*); *commûnis* (p. commoinis, all. gemein); *plùrimi* (gr. pleiones); *æquum* (cf. eikos, all. ében), etc.

§. 3. *Dérivés* d'un thème dont la voyelle primitive est *u* (voy. p. 18) : *dùco* (all. ziehen); *ûtor* (p. nútor, all. geniessen); *claudo* (all. s-chliessen); *auris* (p. audis, ausis; gr. ous p. óts, all. ór); *lau(d)s* (bruit, all. Laut); *lûcs* (cf. gr. leukos, brillant); *frui* (p. frúgi, gr. brûko, all. brauchen); *sûgo* (all. saugen); *raucus* (p. hraucus, all. rauh); *côpia* (all. haufen); *môs* (de mora, cf. gr. hethos et hêthos, all. Sitte et Sitz), etc.

CHAPITRE II.

Voyelle interne longue par contraction.

§. 1.er *Contraction* ou *fusion simple* (voy. p. 18): Præ (p. prà-i); *ne* (p. ne-ut); *tû* (p. tuam); *tûtus* (p. tuitus, gardé); *sêd-* (p. se-ud). La première partie du composé *sêd*, l'ancienne particule latine *se*, qui exprime l'idée de *séparation*, se trouve encore dans so*l*vo (p. se-luo), si*ne*, *ex* (p. eg-se), *abs* (p. ab-se), et dans la préposition *dis'-* (p. di-se); ex. *dirimo* (p. dis-imo). La voyelle dans *dis* devient longue par *position* dans *dis*-*sentio*, *dîduco* (p. dis-duco), *diffundo* (p. dis-fundo). La se-conde partie du composé, l'ancienne préposition *ud*, que nous retrouverons comme signe de l'*ablatif* (v. p. 62), a la signi-fication de *ex* (cf. sansc. *ut*, goth. *us*; voy. Poëmes isl., p. 387). Ajoutée à *se*, elle forma anciennement la préposition *sêd*, qui avait la signification de *sans*, et qu'il ne faut pas confondre avec la préposition *sed* (p. se-t (ce-là), gr. to-de opposé à to-mèn) *mais*; ex. *sêd fraude* (sans fraude), voy. Festus, p. 430. Plus tard *sêd* est devenu une préposition *inséparable*, exprimant l'idée de *séparation*; ex. sê*ditio* (retraite du peuple). Placé devant une consonne, le *d* de *sêd* s'est assimilé à elle; mais comme la langue n'aime les consonnes doubles que dans les syllabes ac-centuées (voy. p. 30), une des consonnes a été élidée, et la voyelle est devenue brève; ex. *severus* (p. sédverus, sévverus). Cette élision est cause que les grammairiens n'ont pas encore re-connu que *sêd* était la véritable forme de cette préposition. Il y a encore trois autres prépositions formées de la même manière que *sêd*, ce sont *dêd-*, *vêd-* et *prôd-*. *Dêd* se compose de *de* + *ud*; l'ancienne particule *de* avait la même origine et la même signification que *se*. Devant les consonnes, *dêd* a perdu son *d* final; ex. *dêdisco* (p. dêd-disco); *dêduco* (p. dêd-duco); et même comme préposition séparable il a perdu plus tard le *d* final à l'exemple de l'ablatif du singulier dans les déclinaisons. C'est pourquoi on dit *dé* (p. dêd), et par suite *de-albare* (p. dê-albare);

deambulare (p. dè-amb.), parce que le *é* suivi d'une autre voyelle devient *bref* (voy. p. 26). *Vêd* se compose de l'ancienne particule *vi* (sansc. vi), et de *ud*. Devant des consonnes le *d* dans *véd* s'est assimilé à ces consonnes, et s'est plus tard effacé entièrement; ex. *vésanus* (p. vêdsanus, vêssanus); *vécors* (p. vêdcors, vêccors). La préposition *prôd*, composée de *pro* (sansc. pro, gr. pro) et de *ud*, se trouve encore dans *prôd-ire*, *prôd-esse*, etc. Comme *ud* (hors) a dans certains cas la même signification que *pro* (en avant), il suffit dans certains mots d'employer seulement la préposition *pro*. Ainsi on dit *pro-pino* et *própino* (p. pro-ud-pino); *pro-creo* et *prô-creo* (p. pro-ud-creo, prôdcreo, prôccrèo); *pro-fessus* et *prô-fessus* (p. prôdfessus, prôffessus). Si le mot a un sens *matériel*, on ajoute ordinairement la préposition *ud*; ex. *própago* (rejeton, jet). Au contraire, si le mot a un sens métaphorique, on met seulement *pro*; ex. *propago* (descendant).

§. 2. *Contraction après élision de consonne.* Ex. *mûto* (p. moveto); *dèbeo* (p. dehibeo, tenir de); *mâlo* (p. ma[gis]volo); *nôlo* (p. nevolo); *flère* (p. flehere); *nêre* (p. hnehere); *nârc* (p. hnavere, cf. sansc. snâ, p. snaha, l. navis); *nêmo* (p. nehomo); *Dis* (p. dives, gr. ploutôn); *mômentum* (p. movementum); *fômentum* (p. fovementum); *stîpendium* (p. stipipendium); *bôbus* (p. bovibus); *nîl* (p. nihil); *jûnior* (p. juvenior); *jûcundus* (p. juvecundus); *lâtum* (p. levatum); *exîlis* (p. exigilis); *subtîlis* (p. subtigilis); *mi* (p. mihi); *mê* (p. mehem); *nî* (p. nisi), etc.

§. 3. *Contraction après transposition de voyelle* (position), voyez page 19.

a) Longue par position obligatoire et patente (voyez p. 23). *Têmno* (mépriser, cf. temerus, inconsidéré); *pôssum* (de potis sum); *lîctor* (p. ligâtor); *trâbs* (p. trabis); *pîx; fâx; nîx; nêx; têrra* (p. tersa [essuyée, sèche], opposé à *mare* [humide], gr. dorien, tarsa); *Pôllux* (p. prolux); *côllis; pârricida; lîgnum; pênna* (p. petina, pesna [v. Festus, p. 182], all. feder); *pêllex* (p. perleg-s [concubine], gr. pallax [p. paralak-s], de

paralogo, all. beyliegen (coucher auprès), héb. et pers. pil-
lègeah); *stèlla* (p. sterula); *môx* (p. mogis, presque maintenant,
gr. mogis, à peine, presque, all. mit *mühe*); *câpsis* (p. cape si
vis), etc.

b) Longue par position obligatoire et latente. Ex. *pêdo* (p.
perdo); *câsus* (p. caditus, cadsus); *obêsus* (p. obeditus, qui a
trop mangé); *câsare* (p. cadsare); *vîs* (p. vils de volo); *quam
vîs* (cf. gr. hos boulei); *crêdo* (p. cert'do, poser comme certain, sansc. çratdha); *exâmen* (p. exagmen); *mâter* (p. magter,
du thème maga, pouvoir, engendrer, cf. *factor* et *auctor* p.
vactor); *subtêmen* (p. subtegmen); *lâna* (p. lacna, gr. lachnè);
arânea (p. aracnea, gr. arachnè); *lâc* (p. hlacts, gr. galak(ts),
all. milch); *lâtus* (p. flahtus, blahtus, aplati, large); *nûdus*
(p. nucdus, all. nakt); *vîta* (p. victa); *bôs* (p. bovs); *mâs* (p.
mars); *sâl* (p. sals, gr. hals, all. salz); *pês* (p. peds); *pâr* (p.
pars, parr); *rêmus* (p. redmus, gr. eretmos, all. ruder); *frênum*
(p. frednum); *rima* (p. ricma); *idem* (p. isdem); *quin* (p. quidni);
nêquam (p. necquam); *nêquis* (p. necquis; cf. neiquis, dans
S. consult. de Bacchanalibus); *âc* (p. astque, atque, atc); *âmitto*
(p. ammitto); *êduco* (p. egduco) [1]; *rêduco* (p. redduco) [2]; *rê-
fugio* (p. redfugio); *rêficio* (p. redficio); *rêsto* (p. redsto); *pûl-
mentum* (p. pultimentum), *âverruncare* (p. abverruncare, gr.
aperûkein (p. apo-Ferûkein), etc.

Il faut encore attribuer à la position latente la longueur de la

---

1 La particule ancienne *eg*, qui a été remplacée par *ex* (p. egs, eg-se),
se retrouve encore dans *igitur* (p. *igi-tus*), en grec *ek-then* (p. ek-thès).

2 La forme primitive de *rê* était *fredi* (contre, en retour, en arrière);
sansc. *prati*, dorien *prati*, attique *pros*. Je crois retrouver l'ancienne forme
fredi dans le substantif *frênum* (p. fredinum, qui tient en arrière, cf. b. lat.
retina, fr. rêne). Le *f* de *fredi* s'est changé en *h*. Aux exemples déjà donnés,
p. 11, de ce changement, nous ajouterons les suivants : éolien, *fecaton*, attique he*k*aton; dorien *brakos*, attique *h*rakos; gr. phorbè, l. herba; lat. hi-
lum et *f*ilum; *hircus* et *f*ircus; *hædus* et *f*edus; *hordus* et *f*ordus, all. Färse;
l. frango, gr. hregnu; lat. Vesta, gr. Hestia; lat. vesper, gr. hesperos; lat.
*f*ilius, gr. huios, esp. hijo; lat. *f*abula, esp. habla (cf. fr. hableur); l. *f*atum,
esp. hado; lat. *f*ilum, esp. hilo; lat. *f*acere, esp. hacer; lat. *f*el, esp. hiel;
lat. *r*ivus, esp. rio (p. riho); *Alfonzo*, esp. *Alonzo* (p. Alhonzo); lat. *f*oras,

première voyelle au *parfait* de beaucoup de verbes *forts* ou primitifs, comme *vêni, lègi, fûgi, vidi, ôdi, vîci, fêci, nôvi,* etc. Dans l'origine le temps *passé* s'exprimait par le redoublement de la première consonne radicale et de sa voyelle, comme cela se voit encore dans les verbes *dedi, cecidi, fefelli,* et en grec *tetupha, dedôka, lelacha,* sansc. *papâta, tatara,* etc. Plus tard la voyelle radicale fut élidée au parfait de quelques verbes, de sorte que la syllabe réduplicative devint longue par position. Ainsi au lieu de *veveni,* parfait de *venio,* on disait *vev'ni,* et par suite *vêni.* Les autres verbes suivaient l'analogie quand d'autres principes ne s'y opposaient pas. Le même changement s'est opéré en sanscrit; ainsi, par exemple, de *papâtima* s'est formé *pap'tima, pâtima,* et par l'influence de *t, â* s'est changé en *ê, pê-tima* (cf. Poëmes isl., p. 68). Les verbes latins qui n'ont pas la voyelle radicale *longue* au parfait sont les suivants : 1.° presque tous les verbes *faibles* ou *dérivés* qui suivent la première, la seconde et la quatrième conjugaison; 2.° les verbes *forts* dont l'ancienne forme réduplicative s'est conservée au *parfait,* comme *bibi, dedi, steti,* etc.; 3.° les verbes dont l'ancienne forme réduplicative se trouve au *présent* de l'indicatif; ex. *gigno* (p. gigeno, parf. genui); 4.° les verbes *monosyllabes* dont la voyelle radicale a dû rester brève, parce qu'elle était suivie d'une autre voyelle; ex. *fui* (p. fû-i); *rui* (p. rû-i); 5.° les verbes *findo, scindo, tollo, pono, colo,* etc., dont l'ancienne forme du parfait était *fefidi, scescidi, tetuli, poposui, cocolui* (cf. A.

---

fr. *hors,* etc. L'aspiration de *hredi* s'est perdue peu à peu comme dans d'autres mots latins, grecs, etc. Ex. *amo* (de hamo); *aveo* (de haveo), gr. *énéroi* (p. enheroi, lat. *inferi,* all. *untern*); gr. *ïon* (p. hion, lat. *viola*); gr. *laas* (lat. *lapis*); gr. *aiôn* (lat. *ævum*); *boos* (lat. *bovis*), etc. La préposition *redi* se trouve encore dans *redi-vivus. Redi* s'est changé en *red,* ex. *red-eo, red-igo, red-arguo, red-hibeo, red-imo,* etc. Placé devant une consonne, *red* a assimilé son *d* final à cette consonne, et par suite la voyelle *e* est devenue longue par position. Ex. *rêddo, rêpperio* (p. redperio), *rêttuli* (p. redtuli), *rêlligio* (p. redligio), *rêlliquiæ* (p. redliquiæ). Mais comme la langue latine n'aime pas les redoublements des consonnes (voy. p. 30) dans les syllabes non accentuées, une des consonnes s'est effacée, et par suite la position a disparu; c'est pourquoi on dit : *religio, reliquiæ,* etc., de même qu'on dit *omitto* (p. ômmitto), *operio* (p. ôpperio), *hodie* (p. hôcdie, hôddie).

Gellius, v. 11, 9). Tous les verbes qui ont la voyelle radicale longue au *parfait*, la conservent longue dans tous les temps dérivés du parfait. Ex. *lēgisse, lēgeram, lēgerim, lēgissem, lēgero.* Le verbe *esse*, conformément à l'analogie des verbes forts, avait au parfait la forme redoublée et contractée *ési* (sansc. *āsa*, gr. *ésa*). Cette ancienne forme *ési* se retrouve encore presque intacte dans le parfait de quelques verbes *forts*; ex. *vic-si* (vivant–j'ai été); *tor-si* (p. torq-si, tordant–j'ai été). Plus tard *ési* s'est changé en *éhi* ou *éi*; ex. *peti-ei* (j'ai demandé), (voy. Inscript. tumul. de Cn. Cornel. Scipio). La forme *éi* s'est à la fin changée en *i*; ex. *fu-i* (devenu–j'ai été); *leg-i* (p. lege-i, lisant–j'ai été). En sanscrit *āsa* se trouve ajouté au participe pour former le parfait du causatif; ex. *toshayām-āsa* (p. toshayân-àsa, réjouissant–j'ai été). La forme *āsa* s'est changée en *ās*, et *ās* en *āu* dans les verbes parfaits réduplicatifs des verbes monosyllabes; ex. *dadāu* (il a donné). Dans les autres verbes elle a entièrement disparu, et n'a laissé que les terminaisons personnelles; ex. *tatana* (il a étendu). En grec *ésa*, changé en *sa*, s'est ajouté à l'imparfait des verbes, et en a formé l'aoriste premier; ex. *égrapsa* (p. é-grap'-êsa, écrivant–j'ai été). *Sa* s'est changé en *ha* au parfait réduplicatif; ex. *tetup'ha* (ayant battu–j'ai été).

c) Longue par position facultative et patente; ex. *pôples; âplustris; pâtris; nigrum; rêprendo; rêflexi; ichneumon*, etc.

d) Longue par position facultative et latente; ex. *sôpire* (p. soprire de sopor); *mâcero* (p. mâcrare, de macer), etc.

§. 4. *Contraction après vocalisation de la consonne* (voy. p. 24). Ex. nau*t*a (p. na*v*ita); aus*p*ex (p. a*v*ispex); *seu* (p. si*v*e); *quôtus* (p. quo*v*itus); *tôtus* (p. ta*v*itus)[1]; *sudor* (p. svidor, cf. isl. svei*t*, all. schweiss); *mûsa* (p. monsa); *mêjere* (p. m'regere, mingere, megere); *mâius* (p. magius, qui fait germer, produire; mai); *mâia* (p. magia, qui fait produire,

---

[1] Il faut distinguer *quôtus* et *tôtus* de *quotus* (le quantième), et *totus* (le tantième).

puissance, magie, sage-femme); *sôl* (p. sedil, cf. Poëtans ial., p. 424); *triga* (p. trijuga); *quadriga* (p. quadrijuga); *lautus* (p. lavâtus); *cautus* (p. cavêtus); *volûmen* (p. volvumen); *volûtus* (p. volvitus); *cômere* (p. cosmere, cf. gr. kosmos), etc.

CHAPITRE III.
Voyelle externe longue par expiration de la voix (voy. p. 25).

§. 1.ᵉʳ Interjections : *ô, éheu, ôhé, iô, hé, hei, væ, ai,* etc.

§. 2. Pause : voy. p. 25.

DEUXIÈME SECTION.
Voyelles externes longues (voy. p. 22).

CHAPITRE PREMIER.
Voyelle externe dérivative longue.

§. 1.ᵉʳ *Voyelle externe devenue longue par dérivation.* — En logique une idée *dérivée* se forme quand un nouvel élément ou *attribut* se joint à la somme des attributs qui composent l'idée primitive. Ce nouvel attribut, qui augmente la somme des attributs ou la *compréhension* de l'idée, diminue par cela même l'étendue de cette idée ou le nombre des individus ou objets de la même espèce, compris et désignés par elle. Or, à mesure que la compréhension augmente et que l'étendue diminue, l'idée devient plus *spéciale* et par conséquent plus *précise*. L'idée dérivée est donc toujours plus précise que l'idée dont elle dérive; et cette plus grande précision résulte de l'addition d'un nouvel attribut. Cette addition ne change rien au *fond* de l'idée; elle ne fait que le préciser davantage. Dériver une idée signifie donc : ajouter à l'idée primitive un attribut de plus, qui, sans en changer le fond, la rend plus précise. La grammaire, qu'on pourra nommer la logique *concrète*, dérive les *mots* de la même manière que la logique dérive les idées qu'ils expriment. Dériver un mot signifie donc en grammaire ajouter au thème du mot un élément phonique de plus, qui, sans changer la signification logique du thème, la rend plus spéciale. La signification logique du thème résultant de la signification des éléments phoniques qui le composent, il s'ensuit qu'elle changerait, si le nouvel élément ajouté au thème était un élément-*consonne*. Pour que donc la signification puisse rester la même dans le mot dérivé, il est nécessaire que l'élément ajouté au thème ne soit pas une consonne, mais une voyelle, parce que les voyelles n'ont pas de signification logique, mais seulement une signification grammaticale ou modificative (voy. p. 7). Aussi l'élément, ajouté aux thèmes primitifs pour en former des thèmes dérivés, est-il toujours, dans les différentes langues, un élément-*voyelle*. Cette voyelle *dérivative* est tantôt *i* tantôt *u*. Mais de même que les éléments dont se composent les thèmes primitifs ne sont pas simplement des *lettres* (consonnes), mais des *syllabes* (voy. p. 5), de même il faut que *i* et *u*, pour former des éléments intégrants du thème dérivé, deviennent des syllabes en se faisant suivre d'une voyelle. Étant suivis d'une voyelle, *i* et *u*, pour ne pas former de hiatus, se changent par synérèse euphonique en semi-consonnes *J* et *V*, et produisent ainsi les *syllabes dérivatives Ja* et *Va*. Ainsi les thèmes primitifs *KaMa* (inclination) et *KaRa* (qui s'étend, main), etc., forment par dérivation *externe* (cf. p. 18) les thèmes *secondaires* : *Kama*-Ja (avoir inclination; lat. amâ-), et *Kara*-*Va* (manier, faire; lat. creâ-). Dans les langues sémitiques ces syllabes dérivatives se changent tantôt en *i* (ex. arabe *ra^ha*-i, p. *^hara*-i [regarder], gr. hora-*e*-ô, sansc. vâra-ya), tantôt en *h* aspiré (ex. héb. kama-*h* [aimer], arab. kami-*ha*; héb. yâra-*h* [craindre], sansc. vara-ya [se garder], lat. verê-ri), tantôt en une gutturale forte (ex. arabe vari-ᵉa [craindre], héb. yaraᵉ; héb. shaba-ᵉ [jurer], sansc. çapya-mi, grec ᵇomnu-mi), tantôt en *h* faible (ex. héb. ra^ha-*h*, p. ^hara-h [voir], cf. chald. ᵇarû [voyez], arabe ᵇarou; héb. zara-*h* [répandre, lâcher], sansc. sârayâ-mi, gr. ᵇeire-ô), tantôt en un aleph peu aspiré (ex. héb. yare-*h*, craindre). En latin les *syllabes dérivatives* se sont confondues par *contraction* avec la voyelle finale du thème primitif, de sorte que a—ja, a—va se sont changées en voyelles simples *longues*, *á, é, í*, lesquelles sont les terminaisons des verbes de la première, de la seconde et de la quatrième conjugaison. Ces trois conjugaisons ne renferment donc que des verbes *faibles*, c'est-à-dire des verbes *dérivés*, soit d'un nom soit d'un autre verbe. Il n'y a que la troisième conjugaison qui renferme généralement des verbes *forts* ou *primitifs*. Quelquefois cependant la langue, sans doute trompée par les terminaisons, a conjugué des verbes *primitifs* monosyllabes comme s'ils étaient des verbes *dérivés*. Ainsi *dare, stáre, náre* (p. hnavere, hnahere) se conjuguent d'après la première conjugaison, bien que des formes comme *dare, dabatur, damus, datum, dedit, datur, dabitur, stetit, statim* (aussitôt), *stabilis, stabulum, statio, status, statua, statuo, superstitis, antistitis,* etc., qui ont toutes la voyelle brève, montrent évidemment que dans l'origine ces verbes n'appartenaient pas à la première conjugaison, à laquelle des formes comme *stámen, státor, státurus, státim* (continûment) les ont *faussement* fait rapporter. Il en est de même du verbe *t-re*, dont la forme primitive était *ci-re*, laquelle s'est changée successivement en *jire, üre, tre*. La langue, trompée par la terminaison *t*, devenue longue par contraction, a placé ce verbe dans la quatrième conjugaison, tout en conservant des formes comme *itum* (p. citus, hitus), *initus* (p. inhitus), etc. Il y a d'autres verbes dont la conjugaison suit tantôt les verbes primitifs, tantôt les verbes dérivés. Tels sont, par exemple, les verbes *petere, quærere, cupere*, qui, bien qu'ils soient de la troisième conjugaison, présentent pourtant des formes de conjugaison faible, comme *petívi, petitum, quæsívi, quæsítum, cupívi*, etc. Ces anomalies viennent ordinairement de ce qu'il existait anciennement deux formes de ces verbes, la forme primitive et la forme dérivée, lesquelles plus tard se sont confondues. Ainsi il y avait un verbe *peto* (all. bitten), et un verbe *petio* (all. beten, isl. bidia), qui se sont confondus dans le verbe *petére* actuel.

§. 2. *La voyelle dérivative reste* longue *dans toutes les per-*

sonnes du verbe, excepté devant le *t* final (voy. p. 29), et devant une autre voyelle, comme dans *abstineas*, p. abstiné-as (voy. p. 26). Ex. *Amô* (p. amâ-egon; amâ-ehon, amâ-on, cf. sansc. dadámi [p. dada-hami]; gr. legô [p. legômi], voy. p. 57); *amâ-s* (ama-t); *amâ-mus, amâ-tis, amâ-nt, moneo* (p. monê-ô, voy. p. 26), monê-s, etc.; *audio* (p. audi-ô); *audi-s*; dans *audiu-nt*, *iu* (de i-vu) ne s'est pas contracté en *t* comme à l'ordinaire (cf. p. 43). La voyelle finale du thème est brève dans les verbes *primitifs*, parce qu'il n'y a pas de contraction. Ex. *legô* (p. lege-ô); *legi-s, legi-mus, legu-nt*, etc.

§. 3. *La voyelle dérivative reste* longue *dans tous les temps, modes et voies du verbe*, comme le font voir les exemples suivants :

I. Impératif. — Ex. *amâ, amâ-to, amâ-te, amâ-tote, amânto; monê, monê-te*, etc.; *audi, audi-te*, etc. Il faut excepter : 1.° les impératifs qui, ayant pris une signification *adverbiale* et *conjonctive*, ont changé d'accent et par suite de quantité, comme *puta* (c'est-à-dire), *valedicere, videsis*, etc.; 2.° les impératifs des verbes qui dans l'origine étaient des verbes *forts*; ex. *abi* (Plaute), *commoda* (Catulle). D'ailleurs il faut considérer que la voyelle finale *longue* ne convient pas à la vivacité du commandement; c'est pourquoi dans le langage ordinaire on abrégea cette voyelle à l'impératif, de même que dans l'interrogation, et l'on disait *cave, mane, fave, vide, responde* (Martial), *tace*, tout comme on prononçait *nostine* (p. nostine), *videne* (p. videsne), etc.

II. *Parfait.* — Le parfait des verbes *dérivés* se forme en ajoutant le parfait de *fo-re* au thème de ces verbes. Les verbes *primitifs* au contraire forment le parfait en ajoutant à leur thème le parfait du verbe *esse* (voy. p. 40); ainsi *legere* fait au parfait *leg-t* (p. leget-, lisant-j'ai été). Le verbe fore (devenir) étant un verbe primitif, forme son parfait *fu-t* (devenu-j'ai été) selon la règle indiquée. *Fut*, ajouté au thème des verbes *faibles*, forme le parfait des verbes de la première, de la seconde et de la troisième conjugaison. Ex. *Amâ-vi* (p. amâ-fui, amâ-hui,

aimant—j'ai été); *monui* (p. monê-fui, monê-ui, monêi, voy.
p. 26); *vôvi* (p. vovê-fui, voê-vi); *môvi* (p. movê-fui,
moêvi); *audi-vi* (p. audi-fui).

·III. *Plusqueparfait.* — Ce temps se forme dans les verbes
faibles en ajoutant au thème de ces verbes le plusqueparfait de
fore. Les verbes *forts* forment ce temps en ajoutant au thème
de leur parfait l'*imparfait* de *esse*. L'imparfait latin se formait
originairement, comme en grec, au moyen de *l'augment préfixe*,
qui n'est autre chose que la voyelle radicale placée devant le
thème, de même que le redoublement au parfait n'est que la
répétition de la première syllabe du thème. L'imparfait de *esse*,
formé par l'augment, était *èram* (p. êsam, sansc. âsam), lequel,
par le déplacement de l'accent, s'est changé en *erâm* (grec
ionien, éen). Cet imparfait, en s'ajoutant aux thèmes des verbes
forts, a formé le plusqueparfait; ex. *légerâm* (p. lège-erâm,
lisant—j'étais); *fu-erâm* (devenu—j'étais). Les verbes *faibles*
ajoutent *fueram* à leur thème pour former leur plusqueparfait;
ex. *amâ-verâm* (p. amâ-fueram); *mon-ueram* (p. monê-fueram);
audi-veram (p. audi-fueram).

IV. *Futur.* — Le futur de la première et de la seconde conjugaison se forme en ajoutant au thème des verbes le présent de
l'ancien verbe be*-re* (aller, sansc. *vâ*-mi, gr. *bè*-mi). Il y a en latin
encore des dérivés de ce verbe primitif : c'est le causatif *beare*
(faire marcher, faire prospérer; cf. meare), le mot *com-pi-tum*
(cf. trâ-*mes*), et les verbes *bêtere* ou *bitere* dans Plaute et Pa-
cuvius. Ex. *amâ-bo* (aimer—je vais), *amâbis*, etc.; *docé-bo*
(enseigner—je vais), *docébis*, etc.

V. *Imparfait.* — L'imparfait des verbes se forme dans les
quatre conjugaisons, en ajoutant au thème l'imparfait du verbe
bere (aller). L'imparfait de *bere*, formé par l'augment, était
primitivement *ebam*; mais l'accent, tombant sur la voyelle radicale, l'a rendue *longue*, ebâm. Ex. *Amâbâm* (p. amâ-ebâm);
docêbâm (p. docê-ebâm); *audièbâm* (p. audi-ebâm, cf. p. 28);
legêbâm (p. lege-ebâm).

VI. *Subjonctif présent.* — Le subjonctif présent de toutes

les conjugaisons et le futur des verbes de la troisième et de la quatrième conjugaison se forment en ajoutant au thème verbal le futur de *esse*, qui était originairement *esco*. Ce mot est composé de *es'* (être) et de l'indicatif présent de l'ancien verbe *ciro* (aller, sansc. *gâmi*, gr. kiô), qui s'est transformé en *jire*, *ire* (voy. p. 43), et qui a formé le causatif *cire* ou *ciêre* (faire aller). Le verbe *es-cere* (aller-être), *devenir* (cf. Festus, p. 12), se trouve réuni à beaucoup de verbes latins et grecs, comme par exemple lat. *cresco, nascor, nosco, adolesco, senesco*; gr. *kuiskô* (devenir enceinte); *gèraskô* (devenir vieux); *haliskomai* (devenir prisonnier). On le trouve même employé dans les poëtes grecs et dans le dialecte ionien pour marquer l'*imparfait* ou pour exprimer une action qui va commencer, se répéter et se continuer. En grec le verbe *eskô*, changé en *esô* (p. eaho), a fourni au verbe *eimi* (je suis) le futur *esomai* (p. eshomai, je deviens, je serai), et par suite *esô* a été employé pour former le futur dans les autres verbes; ex. *grap-sô* (p. grap'-esô, écrivant-je serai); fut. passif *graphthèsomai* (p. graptos-esomai, graptoh-esomai, écrit-jeserai). Le parfait de *eskô*, *êka* (p. êska, êhka) a formé encore en grec le parfait de beaucoup de verbes; ex. *dedôka* (ayant donné-je suis devenu); *pepoïêka* (j'ai fait), etc. *Escô* s'est changé en *esiô* et a formé en latin l'ancien subjonctif présent *siêm* (p. esiem), en sanscrit le *potentiel siâm* (p. asiam), en grec l'*optatif eiên* (p. esien). Les anciens présents du subjonctif en latin se composent de *siêm*, contracté en *sîm* et ajouté au thème; ex. *possîm* (p. pot-siêm); *faxîm* (p. fac-siem, faisant-que je sois); *ausîm* (p. aud-siêm, osant-que je sois), etc. Plus tard -*siêm* (*sîm*) s'est changé par l'intermédiaire de -*hiem* (*hîm*) en -*iem* (*îm*); ex. *edîm* (p. edam); *duîm* (p. dem); *creduîm* (p. credam); *sinît* (p. sinat); *temperînt* (p. temperent); *volîm* (p. velim). Dans l'origine le futur et le subjonctif étaient *identiques*, parce que l'un et l'autre expriment une chose qui sera ou devra être, tandis que l'indicatif exprime cette même chose comme étant ou comme s'étant déjà faite. C'est pourquoi, dans les langues indogermaniques et sémitiques, la forme du *futur* servait aussi à exprimer le subjonctif. Mais peu à peu la première et la seconde conjugaison latine formèrent le futur avec l'auxiliaire *bere* (voy. p. 45), tandis que la troisième et la quatrième conjugaison, pour distinguer également par des formes différentes le futur et le subjonctif présent, consacrèrent pour le premier la forme avec *e* (*legès, legèmus*, etc., *audiès, audièmus*, etc.), et pour le second la forme avec *a* (*legàs, legàmus*, etc., *audiàs, audiàmus*, etc.).

VII. *Imparfait du subjonctif.* — Dans l'origine, ce temps était identique avec le présent du subjonctif, dont il s'est séparé plus tard en changeant la terminaison *sêm* en *rêm*. Ex. *amârêm* (p. amâ-sêm, aimant-que je sois, je voudrais aimer), *docèrem, audîrem*. Les verbes *forts* ont seuls la voyelle finale du thème *brève*. Ex. *forem* (p. fu-sêm); *legerem* (p. lege-sêm). *Sêm* s'est ajouté même à son propre thème, et a formé l'imparfait du subjonctif *es-sêm*.

VIII. *Plusqueparfait du subjonctif.* — Les verbes *primitifs* forment ce temps en ajoutant *essêm* au thème *du parfait*. Ex. *lègissim* (p. lége-essem, ayant lu-je serais); *fuissem* (p. fu-essem). Les verbes dérivés, au contraire, forment ce temps en ajoutant *fuissem* à leur thème *simple* ou au thème du présent. Ex. *amâvissem* (p. amâ-fuissem); *docuissem* (p. docè-fuissem); *audìvissem* (p. audì-fuissem).

IX. *Futur passé.* — Ce temps se forme, quant aux verbes *primitifs*, en ajoutant au thème du parfait l'indicatif présent de l'ancien verbe *ere-re* (tendre vers, atteindre, devenir, sansc. *ardmi*; voy. Poëmes isl., p. 438). Ce verbe *ero* a remplacé peu à peu l'ancien futur de *esse*, qui était *esco* (cf. De legibus, 3, 3; Festus, p. 112, *superesco*, p. superero, cf. p. 46). Ajouté au thème du parfait de *fuo*, il forme *fu-ero* (j'aurai été), qui, ajouté à son tour aux thèmes des verbes *faibles*, produit le *futur passé* de ces verbes. Ex. *amâvero* (p. amâfuero, aimant - j'aurai été); *docuero* (p. docèfuero); *audìvero* (p. audì-fuero). Le parfait du subjonctif était, dans l'origine, identique avec le futur passé, dont il ne diffère maintenant que dans la première personne du singulier. Comme *arere* est un verbe *primitif*, les voyelles du thème sont naturellement *brèves* (cf. p. 17). Cependant, par une licence poétique, rendue nécessaire par les exigences de la métrique (voy. p. 30), *i* est quelquefois employé comme voyelle longue dans *dederìtis, contigerìtis, miscuerìs, dederìs, nescierìs*, etc.

X. *Infinitif.* — L'infinitif n'était autre chose, dans l'origine, que le thème verbal auquel on avait ajouté une particule *démonstrative* (tu, su, si) pour indiquer que le mot est un *substantif* ou un nom. Le *présent* de l'infinitif se forme donc en ajoutant au thème la particule démonstrative et indéclinable *si* (se, re). Ex. *es-se* (le [ce]-être), *amâre* (p. amâ-se, le-aimer); *docêre* (p. docê-se, le-enseigner); *audîre* (p. audî-se, le-ouïr). Le *passé* de l'infinitif des verbes *forts* se forme en ajoutant le verbe *esse* au thème du parfait. Ex. *fuisse; légisse* (p. lége-esse, ayant lu-être). Les verbes *faibles* forment ce mode en ajoutant *fuisse* à leur thème. Ex. *amâvisse* (p. amâ-fuisse); *docuisse* (p. docê-fuisse); *audivisse* (p. audî-fuisse). Le *futur* de l'infinitif ou le *supin* n'est que l'accusatif de la forme *primitive* de l'infinitif présent. Ex. *amâ-tum, audîtum, dòctum* (p. docê-tum, do'ctum; voy. p. 19); gr. *graphein* (p. graphe-tum, graphe-sin, graphe-hin); sansc. bavi-tum (le-être). Dans le supin latin *lèctum*, *è* est long par position.

XI. *Participe présent.* — Ce mode se forme en ajoutant au thème deux particules démonstratives *n't'* (*na*, [là] + *ta* [ce] = celui-là). Ex. *amâ-nts* (celui-là [qui est] à lire); *docê-nts; audiê-nts* (p. audiu-nts). Le *i* de audîre est long par contraction de *iu* (p. ivu, voy. p. 43); devant les liquides, *iu* ou son dérivé *ie* se conserve, mais sa dernière voyelle devient longue par position. Ex. *audiû-nt*. Dans *legê-nts*, le *é* final du thème est également long par position.

XII. *Comparatif.* — Dans l'origine, le comparatif paraît avoir été identique avec le *participe présent* des verbes *faibles*, dérivés d'adjectifs. Ainsi, la forme primitive de *fortiòr* était *fortiu-nts*, qui ressemble, pour sa forme, à un participe présent d'un verbe supposé *fortire* (faire le fort, paraître fort), dérivé de *fortis*. *Fortiants* s'est changé en *fortionss*, *fortiórr*; et trompé par cette forme on a décliné les comparatifs non comme des participes présents, mais comme des adjectifs en *ôr*. La même chose est arrivée en sanscrit et en grec. En sanscrit, on peut dé- river de presque tous les noms un verbe *faible*, au moyen des voyelles dérivatives *Ja* et *Va*. Ainsi, de *bala* (force) on peut dériver un verbe *balava* (faire le fort), dont le participe *bala- vân* (p. balava-nts), au neutre *balavat*, signifie *qui fait le fort, qui est doué de force*. De *vara* (distingué) se forme une espèce de participe présent *varíyân* (p. varíyants), comme du thème *raga* (surgir) se forme le participe *râgâ* (p. râgants, *roi*); *varíyân* fait à l'accusatif *varíyân-sam* (p. variyan-*tam*), auquel on peut comparer l'ancien comparatif latin *fortionsem* (p. fortiôrem). En sanscrit, il y a beaucoup de mots terminés en *vat*, qui ne sont autre chose que des neutres de participe présent. Ainsi, *sinhava-t* (faisant le lion, comme un lion) est proprement le neutre de *sinhavân* (p. sinhava-nts, l. se præbens leonem, se montrant en lion, de *sinha*, lion). En grec, *kakión* (pire) dérive de *kakio-nts*, changé successivement en *kakio- ns-s*, *kakiôs-s*, *kakión-s*. Dans cette dernière forme *s* s'est changé en *n*, comme dans *tuptomen* (p. tuptomes), *ekthen* (p. ekthes), etc. On dit à l'accusatif *kakiona* (p. kakióna), au lieu de *kakionta*. D'ailleurs, ce qui prouve évidemment que le com- paratif ne dérive pas de l'adjectif, mais d'un thème *verbal*, c'est que dans toutes les langues indogermaniques il y a des compa- ratifs qu'on ne saurait faire dériver d'un adjectif. Ainsi, en sans- crit, le comparatif de *stira* (ferme) n'est pas *stirtas*; mais *stéyas*, participe du thème verbal *sta*. En grec, le comparatif de *ech- thros* n'est pas *echthrión*, mais *echthión*. En latin, on dit *major* (p. magior) et non pas *magnior* (de magnus). Comme le com- paratif n'est qu'une espèce de *participe*, il n'exprime pas par lui-même l'idée de *plus*. Cette idée ressort uniquement de la construction. Ainsi, *fortiór aliis* signifie proprement *faisant* (se montrant, étant) *le fort d'entre les autres*; ce qui veut dire qu'il est *plus fort* qu'eux. Dans les langues sémitiques le comparatif ne s'exprime pas autrement. Pour dire *il est plus beau que ses frères*, on dit : il est (le) *beau d'entre ses frères*.

XIII. *Participe passé.* — Ce mode se forme en ajoutant au thème la particule *démonstrative tu*, qui exprime le *passé* et le *passif* du verbe (cf. Poëmes isl., p. 386). Ex. *amâ-tus; dôc-tus* (p. docê-tus, do°ctus); *audî-tus; lêc-tus* (p. legitus, le°ctus). En latin, tous les temps *passés* du *passif* se forment du participe passé construit avec les verbes auxiliaires *sum, ero, fuo.* En grec, le masculin du participe passé s'est tellement confondu avec le verbe auxiliaire *eimi* pour former l'aoriste I et le futur passif, que les deux mots ne forment plus qu'un, et que le masculin sert aussi à exprimer le féminin et le neutre. Ex., aor. I, *é-graph-thèn* (p. é-graptos-èn, égraptoh-èn, égrapth-èn, écrit-j'étais); fut. *graphthesomai* (p. graptos-esomai, écrit-je serai). Beaucoup de verbes latins, de la seconde conjugaison, rendent *brève*, au participe, la voyelle finale de leur thème; ainsi on dit *monitus* au lieu de *monê-tus.* On fait une distinction entre les participes passés *citus, concîtus* (de ciêre, causatif de cire), et les adjectifs *citus, concitus* (de l'ancien verbe cire). Il faut sans doute attribuer au déplacement de l'accent la différence qu'il y a entre *nôtus* et *notare, nota,* etc. Les anomalies du participe de la seconde conjugaison méritent d'être examinées avec soin, et nous appelons sur cet objet l'attention des philologues prosodistes.

XIV. *Superlatif.* — Le superlatif est une espèce de *participe passé,* formé d'un adjectif et auquel on a ajouté la particule pronominale *ma* (qui) [cf. Poëmes isl., p. 384] ou *ta* (ce). Ainsi, de *fortis* s'est formé le participe passé *fortîtu* (rendu fort), qui, en s'ajoutant à *mu,* a formé *fortî-tu-mus* (le fort par excellence). Cette ancienne forme latine s'est changée plus tard en *fortîsumus et fortîssimus,* de même qu'en sanscrit *varistas,* par exemple, dérive de *varîtatas, varîsatas,* et en grec *kakistos* de *kakîtetos, kakîsetos; eschatos* de *ek-satos,* etc. En latin, *s* s'est changé en *r* dans *superrimus* (p. superîsimus), *creberri-mus,* etc.

XV. *Participe futur.* — Ce participe se forme en ajoutant au thème les particules démonstratives *n-du* [na (là) + du (ce)]. Ex. *amá-ndu-s* (celui qui est *là à aimer*, qui doit être aimé ; *docé-ndu-s ; audié-ndu-s.* Dans *legé-ndu-s* la voyelle finale du thème est *longue* par *position.*

§. 4. *La voyelle dérivative est longue dans tous les substantifs et adjectifs de seconde formation.* Les noms de *première* formation, tirant leur origine *immédiatement* du thème *primitif*, n'ont point de voyelle dérivative, et par conséquent la voyelle finale de leur thème est toujours *brève.* Ainsi, *locu-s* (place) est un substantif de première formation ; il ne dérive ni d'un substantif ni d'un verbe ; il s'est formé immédiatement du thème primitif, tout aussi bien que, par exemple, le verbe allemand *ligen* (être couché, placé) ; mais, de même qu'il y a des verbes *faibles* ou de *seconde formation*, qui dérivent, soit de verbes primitifs, soit de substantifs ou adjectifs, de même il y a aussi des noms de *seconde formation*, dérivés soit de verbes, soit d'autres substantifs ou adjectifs : ainsi, de *locus* dérivent les mots *locátio, locátor, locális, locárius*, etc. Quelquefois ces mots dérivés se rattachent à leur thème substantif par l'intermédiaire d'un *verbe dérivé :* ainsi, *locátus, locátor, locátio,* se forment du verbe *locáre,* dérivé de *locus.* Mais les mots *locális, locárius,* dérivent immédiatement de *locus.* Les langues indogermaniques peuvent même former des adjectifs *verbaux*, sans l'intermédiaire de *verbes* dérivés ; ainsi, en latin, *barbátus* (doué de barbe) dérive de *barba* sans l'intermédiaire d'un verbe *barbáre* (douer de barbe) ; *quercétum* (all. beeicht) dérive de *quercus,* sans l'intermédiaire d'un verbe *quercére* (all. beeichen), etc. ; mais que le verbe existe ou non, toujours faut-il, en latin, que la voyelle *dérivative* soit *longue.* Il n'y a d'exception que pour les mots qui ont des *suffixes* sans être réellement *dérivés* de substantifs ; car ces suffixes peuvent s'ajouter immédiatement au thème d'un substantif ou d'un adjectif, sans faire subir à ce thème une dérivation grammaticale, et par conséquent, sans en rendre la voyelle dérivative *longue.* Ainsi, le suffixe *tia* s'ajoute simplement au thème de *amicus*, et forme *amicu-tia* ou *amicitia*, parce que le sens de ce dernier mot n'exige pas que *amicu* prenne la forme d'un dérivé.[1]

1) *Voyelle dérivative longue* devant les suffixes dérivés de *Ta* (da, sa, ra). Ex. *auri-tus*, *fortui-tus*, *gratui-tus*, *viri-tim*, *cornû-tus*, *animâ-tus*, *amâ-sius*, *animô-sus*, *nostrâ-tis*, *Samni-tes*, *vigê-simus*, *adventi-tius*, *mercê-(d)s*, *testû-don* (douée d'une écaille, testa), *hirû-do* (semblable à un petit boudin [hira]), *albê-do*, *libi-do*, *consuê-tudo*, *pinguê-do*, *cupi-do*, *magni-tudo*, *amô-r* (p. *amô-s'*, cf. l'infinitif *amâ-re*, p. 48), *fervô-r*, *clamô-r*, *honô-r*, *canô-r*, *sonô-r*, *canô-rus* (p. *canô-sus*), *sonô-rus*, *decô-rus*, *odô-rus*, *amâ-tor*, *amâ-torius*, *consulâ-tus*, etc.

2) *Voyelle dérivative longue* devant les suffixes dérivés de *Na*. Ex. *egê-nus*, *habê-na*, *sagî-na*, *divî-nus*, *marî-nus*, *vicî-nus*, *asinî-nus*, *culî-na*, *farî-na*, *urî-na*, *ruî-na*, *bî-nus*, *uterî-nus*, *trî-nus*, *germâ-nus* (provenant du même *gremium*, sansc. *garba*), *momentâ-neus*, *tribû-nus*, *româ-nus*, *Ciceroniâ-nus*, *latî-nus*, *Venusî-nus*, *opifici-na*, *lacû-na*, *sali-num*, *pistri-num*, *matrô-na*, *latrô-n*, *curiô-n*, *patrô-nus*, *lupâ-nar*, *pulvi-nar*, *lacû-nar*, *tribû-nal*, etc.

3) *Voyelle dérivative longue* devant les suffixes dérivés de *Ka*. Ex. *tend-cs*, *audâ-cs*, *audâ-cia*, *pertinâ-cia*, *capâ-cs*, *rapâ-cs*, *feli-cs*, *ami-cus*, *pudi-cus*, *apri-cus*, *cadû-cus*, *vorâ-gon*, *ori-gon*, *verti-gon*, *cali-gon*, *fugâ-cs*, *ferô-cs*, *atrô-cs*, *mendi-cus*, *lori-ca*, *lecti-ca*, *herbâ-ceus*, *testâ-ceus*, *posti-cus*, *anti-cus*, *anti-quus*, *lactû-ca*, *virâ-gon*, *lanû-gon*, etc.

4) *Voyelle dérivative longue* devant les suffixes dérivés de *Ra* et *La*. Ex. *avâ-rius*, *calcâ-ris*, *puellâ-ris*, *consulâ-ris*, *singulâ-ris*, *statuâ-rius*, *ostiâ-rius*, *vicâ-rius*, *granâ-rium*, *ærâ-*

---

rium, equî-ria, triä-rius, seni-rius, animâ-lis; fidê-lis, pa-
truê-lis, convivâ-lis, regâ-lis, hostî-lis, pueri-lis, annâ-lis,
servî-lis, anî-lis, bovî-le, equî-le, ovî-le, capitâ-lis, torî-l,
candê-la, querê-la, capitô-lium, edî-lis, edû-lium, pecû-
lium, etc.

5) *Voyelle dérivative longue* devant les suffixes dérivés de
Va. Ex. *cadî-vus, nocî-vus, fugitî-vus, votî-vus, furtî-vus,
olî-va, salî-va, æstî-vus, festî-vus, octâ-vus,* etc.

6) *Voyelle dérivative longue* devant les suffixes : *-brum, -crum,
-trum, -bilis, -bulum, -culum, -men.* Ex. *candelâ-brum, de-
lâ-brum, lavâ-crum, simulâ-crum, arâ-trum, fulgê-trum, na-
tâ-bilis, spectâ-bulum, mirâ-culum, levâ-men, certâ-men,* etc.

§. 5. *Voyelle dérivative* longue *par contraction.* a) Contraction simple: *Alî-us* (p. aliu-us); *meri-dics* (p. mediu-dies,
mesiu-dies); *trî-ginta* (p. tria-ginta); *tibî-cen* (p. tibia-cen);
ilîgnus (p. ilici-genus). b) Position obligatoire. *Vertûmnus, alûm-
nus, auctûmnus, colûmna, malignus, benignus, aprûgnus* (p.
apru-genus), *privîgnus, pusîllus, pupîlla, favîlla, novèllus,
gemèllus.* c) Position latente. *Abiès* (p. abiets); *lepûs* (p. lepors,
gén. leporis); *aêr* (p. vahers); *pariès* (p. pariets). d) Position
facultative. *Tenèbræ, volûcris, alâcris, lugûbris,* etc.

CHAPITRE II.
Voyelle des suffixes dérivatifs.

Voyelle des suffixes longue par contraction.

I. *Suffixe -tâdun.* — Ce suffixe se compose de la particule *-uN*
(p. *Na*, là, cela, chose) et de l'ablatif du suffixe pronominal *tu*,
qui est *tâd* (voy. p. 62). Comme l'idée abstraite dérive de l'idée
concrète, la grammaire forme aussi le substantif abstrait en le
dérivant du substantif concret. Ainsi, de *magnîtum* (grand),
chose concrète, on forme l'idée abstraite de *grandeur* en met-
tant *magnîtum* à l'ablatif, *magnîtâd* (de ce qui est grand), et
en ajoutant à cet ablatif le suffixe démonstratif *un*, qui en forme
un substantif *magnîtâd-un* (chose provenant de ce qui est grand)

grandeur. Comme l'accent tombe sur *tá*, la syllabe précédente devient *bréve* : *magnitúdo* (cf. p. 3o).

II. *Suffixes* -*tát* et -*tát*. — Le premier de ces suffixes est l'ablatif de la particule pronominale *tu*, et le second, l'ablatif de *tá*, féminin de *tu* ; -*táts* et -*táts* signifient donc *provenant de ce*. Ces suffixes s'ajoutent directement au thème des substantifs et des adjectifs. Ex. *vir-táts* (ce qui provient de l'homme), *vertu* ; *cupidi-táts* (ce qui provient d'un homme cupide), *cupidité* ; *celeri-táts*, *anxie-táts*, *pie-táts*, *servi-táts*, etc.

III. *Suffixe* -*tión*. — Les mots terminés par ce suffixe dérivent ou du supin ou du participe passé. Ainsi, par exemple, *lectión* vient de *lectu-* (s), lu, ou de *lectu-* (s), le - lire. De l'un et de l'autre de ces mots dérive un adjectif *lectiu-*(s) [tenant à ce qui *est lu* ou tenant *du lire*]. En ajoutant à *lectiu* la particule *uN*, on forme un substantif abstrait *lectión* (p. lectiu -un), qui signifie *chose tenant à ce qui est lu* (l'*effet* du lire) ou *chose tenant du lire* (l'*action* de lire).

IV. *Suffixe* -*túrus*. — Les mots terminés par ce suffixe dérivent du supin, auquel on ajoute un adjectif dérivé du verbe *ero* (aller), voy. p. 47. Ainsi, en ajoutant au supin *lectu-* (lire) l'adjectif *erus* (qui va), on forme le mot *lectúrus* (p. lectu-erus, à lire-qui va), *qui va lire*.

V. *Suffixe* -*tór*. — Ce suffixe était dans l'origine identique avec le précédent ; il ne s'en est séparé dans la forme que parce que *tór* devait servir à exprimer non pas l'idée du *futur*, mais l'idée d'une *action présente* ; ainsi *lectór* (p. lectu-er, à lire-qui va, ou qui s'occupe) signifie *occupé à lire*, *lecteur*. De *tór* dérive la forme *tóriu* dans les adjectifs *amatórius*, *prætórium*, etc.

VI. *Suffixe* -*túra*. — Ce féminin de -*tór* désigne la chose dont on *s'occupe*, *la charge*, *l'office* ; ex. *quæstúra* (office de questeur), *dictatúra*, *prætúra*, *censúra*, etc.

VII. *Suffixe* -*trics*. — Comme le féminin de *tór* désignait l'office, l'emploi, on a été obligé d'exprimer le féminin des mots terminés en *tór* par une forme dérivée de ce suffixe. Ce dérivé est *tóric-s*, qui s'est changé en *tric-s* ; ex. *victrics*, *adjutric-s*, etc.

VIII. *Suffixe* -*môn*. — Ce suffixe se compose de la particule pronominale *mu* et de la particule *uN*; ex. *sermôn* (p. ser-mu-un, chose qui s'enchaîne). De *môn* dérivent les formes adjectives *mônia*, *mônium* : *ceremônia*, *acrimônia*, *quærimônia*, *patrimônium*, *testimônium*, etc.

CHAPITRE III.
Voyelle des terminaisons du verbe et du nom.

I. *Terminaisons pronominales des verbes.* — Les terminaisons des verbes sont des *pronoms* personnels devenus suffixes. En s'ajoutant au verbe ils ont perdu l'accent et sont devenus par conséquent de plus en plus brefs et tronqués.

§. 1.er *Troisième personne.* — Le signe de la troisième personne est le plus ancien de tous, parce que l'homme primitif distingua et désigna les objets extérieurs et les individus bien avant de se connaître et de se désigner soi-même. Aussi le signe de la troisième personne est-il à la fois le plus simple, le plus ancien par sa forme et celui qui a servi à former le pluriel des autres personnes. Le thème du signe de la troisième personne est *ta* (ce) (voy. Poëmes isl., p. 385). Cette particule *démonstrative* désigne la personne ou l'objet qu'on a en vue et dont on parle; ex. sansc. *dada*-ti (p. dada-ta, il donne); gr. *es*-ti (p. es-ta); *didô*-si (p. didô-*ti*); *tupte*-i (p. tupte-*si*, tupte-*hi*). Lat. *amā*-t (p. amā-tu); *audi*-t (p. audi-tu), etc. La *voix moyenne* se forme en ajoutant aux signes personnels le pronom réflexif *ta* ou *sa* (soi, son individu, ou à soi, à son individu; cf. russe -*bia* [p. sebia, soi]; polon. -*się* [soi]; isl. -sk, -st, -z [soi]). Ex. lat. *amâri* (p. amare-se, amare-es, amari-er, amari-e); *legi* (p. legese-se [voy. p. 48], legehe-hi, lege-i); *amâtu*-r (p. amâ-tu-s'); gr. *didota*-i (p. dido-ta-*hi*); sansc. *dadata*-i (p. dada-ta-*hi*). C'est de la voix moyenne que dérive la voix *passive*; c'est pourquoi la terminaison des verbes passifs est la même que celle des verbes *moyens* ou *déponents*. Le pluriel de la troisième personne *Ta* se forme par la répétition de *Ta* : tata (ce-ce). En effet, l'idée du pluriel ne se forme que lorsque l'œil a observé plusieurs objets ou individus distincts les uns des autres, de manière qu'on peut les désigner du doigt les uns après les autres. Le pluriel ne signifie donc autre chose que ce (et) ce (et) ce, etc. Pour exprimer le pluriel de *Ta*, on se contente de répéter une fois ce pronom *TaTa*. Ce thème se change en *tasa*, *tahi*; ex. sansc. *tai* (p. tahi, eux); gr. *toi* (p. tohi); lat. is-*ti* (p. is-tahi, is-te-i). La troisième personne du pluriel des *verbes* s'exprime par le thème *tahi*, précédé du pronom démonstratif *N'* (là); le pluriel *n'tahi* (ceux-là), dont le singulier se trouve dans le participe (-*nt's* celui-là), perd sa dernière syllabe en devenant suffixe ou en s'ajoutant au verbe. Ex. Sansc. *dada-nti* (p. dadantahi, dadanta-); gr. *dido-nti* (p. dido-nta); lat. *amā-nt* (p. amā-ntu). *Passif.* Sansc. *dada-nta-i* (p. dada-nta-hi); gr. *dido-nta-i* (p. dido-nta-hi); lat. *legu-ntu-r* (p. legu-ntu-s').

§. 2. *Seconde personne.* — Le signe de la seconde personne était dans l'origine identique avec celui de la troisième; car l'homme primitif devait envisager de la même manière l'individu qu'il voyait et désignait en lui parlant, et l'individu qu'il voyait et désignait en en parlant. Plus tard la différence s'établit entre la seconde et la troisième personne, et de même que l'idée de la seconde personne n'est que celle de la troisième *spécialisée*, de même le signe *Sa*, qui exprime la seconde personne, n'est aussi que le signe *Ta* spécialisé, c'est-à-dire changé en *Sa* par *assibilation*, à l'effet d'exprimer un sens moins général que celui exprimé par *Ta*. Ainsi, tandis que *Ta* désigne la personne ou la chose qu'on a en vue et *dont* on parle, *Sa* désigne la personne ou la chose qu'on a en vue et *à qui* l'on parle. Ex. Sansc. *dada-si* (p. dada-sa, ce [cet individu, toi] donne); gr. *tupté-is* (p. tupte-si, tupte-sa); lat. *amā-s* (p. amā-si). *Passif :* sansc. *dada-sai* (p. dada-sa-hi); gr. *didosa-i* (p. dido-sa-hi); lat. *amāris* (p. amā-si-s'). Pour désigner la *seconde personne* par opposition à la première, on a ajouté à *Ta* ou *Tu* la particule pronominale *Ma* (qui, quidam, personne). Ex. Thème : *Tu-Ma* (ce-quidam, toi); dérivés : sansc. *tv-am*; gr. *su* (p. sû-n); lat. *tû* (p. tu-am, tu-an, tu-â, cf. p. 25). La seconde personne du pluriel se forme dans les verbes par des terminaisons dérivées de *tas'* (p. *tas*), pluriel de *ta*. Ex. Sansc. *dada-tha* (p. dada-tas, dada-tah); gr. *dido-te* (p. dido-tes); lat. *amá-tis*. *Passif:* sansc. dada-dhve (p. dada-tvas-si, dada-dvak-i); gr. *dido-sthe* (p. didotes-te, dido-sch-te, dido-s'-the).

§. 3. *Première personne.* — L'homme primitif n'ayant point encore l'idée du *moi*, parlait de lui-même à la *troisième* personne, comme le font encore aujourd'hui les enfants en bas âge. Cette locution a quelque chose de naïf (voy. Nalas, XII, Çlôka 85); elle est quelquefois l'expression de la douleur et de l'abattement (Eurip. Hécabè, v. 939), le plus souvent celle de l'autorité et de la majesté (S. Mathieu, XII, 6. 41. 42), et c'est pour cette raison qu'elle est propre au style prophétique (voy. Poëmes isl., p. 227). Lorsque le signe de la deuxième personne se fut distingué de celui de la troisième, le signe de la première personne se forma aussitôt comme antithèse de la seconde. C'est pourquoi le thème de la première personne est KA-MA (ce-quidam-*ci*) moi, opposé à TV-MA (ce-quidam) toi. De ce thème dérivent les formes suivantes : sansc. *aH-aM*; gr. *eG-ó*, et lat. *eG-ó* (p. eG-òM). Dans les langues sémitiques KA-MA s'est changé en MA-KA: héb. *aNoKi* (p. amoki); arabe *aNá* (p. aNaH); égypt. *aNaK*. Pour désigner dans le verbe la première personne du singulier, le sanscrit emploie la terminaison *hama*; ex. *dadámi* (p. dadahama); le grec emploie *mi* (p. ma); ex. *didó-mi*, *legó* (p. legomi), et le latin se sert de *ó* (p. egô, ehô, eó). Ex. *amó* (p. amâ-ó); *moneó*; *legó* (p. legeó). *Passif:* sansc. *dadáma-i* (p. dadâma-hi); gr. *didoma-i* (p. didoma-hi); lat. *amó-r*. Le pluriel de HaMA est en grec *hèmeis*; en latin *nós* (p. h'môs, môs; cf. Poëmes isl., p. 384). Pour désigner dans le verbe la première personne du pluriel, le sanscrit emploie *hamas* (p. hamâs); ex. *dadámas* (p. dada-hamâs); le grec emploie *mes* (p. meis); ex. *didomen* (p. didomes); le latin se sert de *mus* (p. mûs); ex. *legimus*, *amámus*. *Passif:* sansc. *dadámahé* (p. dadâmas-si); gr. *didometha* (p. didomes-ta, didomehta); lat. *amámur* (p. amâmus's, amâmurr).

II. *Cas ou terminaisons pronominales et adverbiales des noms.* — Les terminaisons des noms ou les *cas* sont formés les uns de *pronoms*, les autres d'*adverbes*. Les *cas* pronominaux sont le *nominatif*, exprimé par un pronom qui signifie *celui-ci*, et l'*accusatif* exprimé par un pronom qui signifie *celui-là*. Les *cas adverbiaux* sont le *datif* exprimé par un adverbe, qui signifie *vers ce, auprès,* et l'*ablatif* exprimé par un adverbe signifiant *provenant de.* Le *nominatif*, l'*accusatif*, le *datif* et l'*ablatif* sont les cas *primitifs*; le datif a produit le *locatif*, et l'ablatif a donné naissance au *génitif*. Non-seulement les *cas* diffèrent entre eux dans chaque déclinaison, mais les *déclinaisons* elles-mêmes diffèrent les unes des autres. En latin comme en toute autre langue il n'y avait originairement qu'une seule et même déclinaison. C'est la quatrième qui seule est restée fidèle à cette déclinaison primitive et a conservé tous les caractères d'ancienneté. En effet elle a conservé la voyelle à la fin de son thème; ex. *manu-s* (cf. p. 5, suiv.). En second lieu cette voyelle finale est restée *brève* (cf. p. 14). De plus, cette déclinaison ne distingue pas encore dans la forme le *féminin* du masculin; elle ne distingue encore qu'entre le masculin et le *neutre*. Ainsi tonĭtrŭ- (p. tonitru-m) diffère de manu-*s;* mais le féminin *manu*-s et le masculin *portu*-s ont les mêmes terminaisons. Enfin, la quatrième déclinaison a conservé les formes de cas les moins *tronquées* et les moins défigurées. De la déclinaison primitive, représentée par la quatrième, s'est détachée peu a peu la *troisième* déclinaison, en retranchant la voyelle finale de son thème. Ces voyelles finales se retrouvent quelquefois dans d'anciens mots *composés* qui les ont conservées; ainsi, par exemple, en grec le mot composé *myomachia*, en latin le composé *mûricidus,* prouvent que le thème du mot grec *mûs,* lat. *mûs,* était *muo* (p. mûso, mûho), lat. *mûri* (p. mûsu), et que par conséquent *mûs* est une contraction de *mûso-s* ou *mûsu-s;* car sans cela les mots composés auraient la forme de *mû-machia* et *mûr-cidus.* On doit donc considérer tous les mots de la troisième déclinaison comme ayant perdu la voyelle finale de leur thème (cf. p. 13); ex. *voc'-s* (p. *voci-s*). C'est en cela seul que cette déclinaison diffère de la quatrième : aussi les mots qui ont conservé cette voyelle finale, comme *fini-s*, se déclinent-ils comme les mots de la quatrième; car la différence entre les voyelles finales *i* et *u* ne constitue pas une différence de *déclinaison*. Pendant que la troisième déclinaison se détacha ainsi du tronc commun, la *cinquième* s'en détacha à son tour, en rendant *longue* la voyelle finale de son thème; ex. *fidē-s*. Cette voyelle *longue*, dérivée de la brève, exprime le *féminin*. La cinquième déclinaison est donc la première qui ait créé une forme particulière au genre *féminin*, puisque le masculin et le féminin se trouvent encore confondus dans la quatrième et la troisième déclinaison. Aussi la cinquième déclinaison ne renferme-t-elle que des mots *féminins*. Ces mots se terminèrent dans l'origine en *ē-s* ou *ā-s*; ex. *materiē-s* (la maternelle, la mère des choses), et *materia* (p. *materiā-s*). Mais peu à peu les mots en *ā-s* éprouvèrent quelques changements ou détériorations dans les terminaisons des cas, et par suite ils se séparèrent de la cinquième déclinaison pour aller former la *première*. En même temps la seconde déclinaison se détacha de la quatrième en suivant les errements de la première, c'est-à-dire en subissant les mêmes changements dans ses terminaisons. L'influence de la première déclinaison sur la seconde était d'autant plus efficace, que cette dernière renferme pour la plupart des mots qui sont les masculins des mots correspondants dans la première déclinaison. C'est pourquoi les masculins se rapprochaient dans les terminaisons autant que possible de leurs féminins. Les neutres vinrent aussi se fixer de préférence dans la seconde déclinaison, de sorte que même ceux de la quatrième se déclinent maintenant comme des mots de la seconde déclinaison, du moins quant au *singulier*. Ex. *Cornū* (p. cornu-m); génit. *cornū* (p. cornu-i); datif *cornū* (p. cornu-ō); abl. *cornū* (p. cornuō). C'est ainsi que se sont formées successivement les cinq déclinaisons latines. Les grammairiens latins ont rangé les déclinaisons et les conjugaisons d'après la succession des voyelles finales *a, e, i, u* dans la dernière syllabe du vocatif des noms et de l'impératif des verbes. Ex. 1.° *Ros-a*; 2.° *domin-e*; 3.° *pat-er*, *ov-is*, *gen-us*; 4.° *man-us*; 5.° *mater-ies*; 1.° *am-a*; 2.° *mon-e*; 3.° *leg-e*; 4.° *aud-i*. Nous rangerons les déclinaisons dans un ordre plus naturel, c'est-à-dire dans l'ordre de leur formation, qui est le suivant : la *quatrième*, la *troisième*, la *cinquième*, la *première*, la *seconde*.

I. *Cas pronominaux.*

§. 1.er *Nominatif.* Le nominatif singulier se forme en ajoutant au thème le pronom démonstratif *sa* (celui-ci). Ex. 1) 4.° décl., lat. *manu-s* (p. manu-sa, main-ce), *la-main*; gr. *ichthu-s* (le-poisson); sansc. *bâhu-s* (le-bras); 2) 3.° décl., lat. *ovi-s* (la-brebis); *voc'-s* (p. voci-s, la-voix); gr. *oï-s* (p. oFi-s, la-brebis); *op'-s* (p. Fopi-s, Foki-s, la-voix); sansc. *avi-s* (la-brebis); *va'j.* (p. vaki-s, la-voix); 3) 5.° décl., lat. *diê-s* (p. divê-s, le jour); 4) 1.re décl., lat. *diva* (p. divâ-s, la-déesse; cf. *vitâ*, dans l'inscription tumulaire de Luc. Cornel. Cn. F. Scipio; *Agricolâ*, Tibull, I, 7, 61.); gr. *theâ* (p. theFâ-s, la-déesse); sansc. *devatâ-* (p. devatâ-s, la-déesse); 5) 2.° décl., lat. *divu-s*; *alter-* (p. alteru-s, alteru-r, alterr); gr. *theo-s*; sansc. *déva-s*. Beaucoup de pronoms n'ont pas un -*s* au nominatif, mais ce pronom *s* est remplacé par la particule démonstrative *ce*; ex. *hi-*c (celui-ci), *hæ-*c, etc. Le nominatif *neutre* se forme en ajoutant au thème le pronom démonstratif *Na* (là, cela), qui se change en *Ma*, *M'*. Ex. Lat. *tonitri* (p. tonitru-m); *bellu-m*; gr. *agatho-n*; sansc. *devata-*m. La troisième déclinaison latine n'ajoute rien au thème du nominatif *neutre*. Ex. *difficile-*, *mare*, *animal*, *carmen*, etc.

Le nominatif *pluriel* se forme en ajoutant au thème la terminaison *as* (es, is), abrégée de *asas* (ou sasa, tata, voy. p. 56) qu'on trouve encore dans l'idiome des Védas (ex. d^humâsas, p. d^huma - asas, lat. fumi; cf. *Bopp*, Sanskritasprache, p. 71). 1) 4.° décl., *manûs* (p. manu-es); gr. *ichthûs* (p. ichtu-es); sansc. *bahav-as* (p. bahu-as; 2) 3.° décl., *ovês* (p. ovi-es); gr. *oï-es*; sansc. *avai-as* (p. avi-as); *vocês* (p. voci-es); gr. *op'es*; sansc. *vaç'-as*; 3) 5.° décl., *diês* (p. diê-es); sansc. *de-*

vatâ (p. devatâ-m) ; 4) 1.re décl., diva (p. divâ-is, dirâ-ih,
divâ-i, cf. S. C'. de Bacchanalibus : *tabelai datai*) ; gr. *thedi* (p.
theâ-ih) ; 5) 2.e décl., lat. *divi* (p. dive-is, dive-i, cf. S. C'.
de Bacch. *si queis esent ; quei foederatei ; oinvorsei virei*). Il faut
considérer comme nominatif pluriel la seconde personne plu-
rielle des verbes moyens et des verbes passifs, comme *amâ-mini, le-
gi-mini*, etc. Ces formes sont devenues *indéclinables ;* elles appartiennent à un ancien participe passé terminé en *menus*, qui
existe en grec, en sanscrit, etc. Cette ancienne forme passive se
trouve encore dans les mots latins *Vertumnus, auctumnus, co-
lumna*, etc.; *amamini* signifie donc *aimés* (*aimées*), et il faut
sous-entendre *estis* (vous êtes) ; cf. gr. *philou-menoi* (sc. *este*).

Le *vocatif* du singulier et du pluriel ne diffère du nominatif que
dans la seconde déclinaison au singulier, où il a perdu le signe du
nominatif. Ex. *domine* (p. dominu-, domino-, dominö) ; *Juli* (p.
Julie) ; *Appi* (p. Appie) ; *Pompéi* (p. Pompêie) ; grec *huïe* (p.
huio, huïö) ; *krator* (différent du nominatif kratór p. krator-s) ;
anaks (p. anakt, différent du nominatif anaks p. anakt-s), etc.

§. 2. *Accusatif.* L'accusatif s'est formé en ajoutant au thème
la particule démonstrative *Na* (là, celui-là), laquelle s'est changée
en *N* ou *M.* Ex. 1) 4.e décl., *manu-m*, gr. *ichthu-n*, sansc.
bâhu-m ; 2) 3.e décl., *ove-m*, gr. *oï-n*, sansc. *avi-m* ; lat. *vo-
ce-m*, gr. *opa-* (p. opa-n), sansc. *vaça-m* ; lat. *mé* (p. mehe-m,
mêm, gothique *mik* (p. mika-m), sansc. *mâm* [p. maham], gr. *me*
[p. mêm], moi. [L'ancien accusatif *mêd*, qu'on trouve sur quelques
monuments, est une contraction de *mehem-t, mehé-t*. Le t final
est la particule démonstrative qu'on retrouve dans *tâte, is-te*,
etc. Ce *t* s'ajoute aussi à la particule pronominale *ma* (personne),
et forme le suffixe *met* (cette personne, en personne) dans *ego-
met, nos-met, se-met*, cf. *sua-pte, mihi-pte*]. Lat. *té* (p. tvêm,
têm), sansc. *tvâ-m*, gr. *se* (p. sê) ; 3) 5.e décl., *dié-m ;* 4) 1.re
décl., lat. *deâ-m*, gr. *theâ-n*, sansc. *devatâ-m ;* 5) 2.e décl.,
divu-m, gr. *theo-n*, sansc. *diva-m.* Dans beaucoup de langues
l'accusatif neutre a donné sa forme à un grand nombre d'*adverbes.* Ex. Gr. *'agelèdon* (par troupeaux) ; *plintèdon* (par bri-

ques), etc. En latin la terminaison *um* s'est changée le plus souvent en *im*; ex. *gregatim*, *nominatim*, *paulatim*, *statim*, *furtim*, *partim*, *præsertim*, *minutatim*.

L'accusatif pluriel se forme en ajoutant la terminaison du pluriel *es* à l'ancienne forme de l'accusatif singulier. Ex. 1) 4.ᵉ décl., *manûs* (p. manu-n's); gr. *ichthuas* (p. ichthu-ns, voy. p. 25.); sansc. *bâhûn* (p. bâhu-ns); 2) 3.ᵉ décl., lat. *ovês* (p. ove-ns); gr. *oïas* (p. oï-ns); sansc. *avîn* (p. avi-ns, avi-nh); lat. *vocês* (p. voce-ns); gr. *op'as* (p. ope-ns, ope-as); sansc. *vaç'as*; 3) 5.ᵉ décl., *diês* (p. diĕ-ns); 4) 1.ʳᵉ décl., *devâs* (p. devâ-ns); gr. *theâs* (p. theâ-ns); sansc. *devatâs* (p. devatâ-ns). [Parmi les accusatifs pluriels de la première déclinaison devenus *adverbes*, nous citerons *trâns* (cf. trâ, II. §. 1.ʳᵉ), *forâs*, *aliăs*, etc.]; 5) 2.ᵉ décl., lat. *deôs* (p. deo-ns); gr. *theous* (p. theo-ns; sansc. *devân* (p. deva-ns).

II. *Cas adverbiaux.*

§. 1.ʳᵉ *Ablatif.* L'ablatif singulier s'est formé en ajoutant au thème la particule *ud* (de), qui anciennement remplaçait la préposition *ex* (cf. 36). La voyelle de cette particule s'est confondue avec la voyelle finale du thème, et l'a rendue longue. La consonne *d* s'est perdue ensuite par apocope. Ex. 1) 4.ᵉ décl., *manû* (p. manu-od); cf. S. C. de Bacch., *pro magistratûd*; *usû-captio*, *manûductio*,; 2) 3.ᵉ décl., *ovi* au lieu de *ovî* (p. ovi-ud); *voc'e* (p. voce-ud); *mê* (p. mehe-ud, mêd), sansc. *mat* (p. mahât, mât; cf. p. 29); lat. *tê* (p. tvêd, têd), sansc. *tvat*; cf. S. C. de B., *in conventionid*; Colum. Duil., *in altod marid*; 3) 5.ᵉ décl., *diê* (p. diĕ-ud). On dit *famê* parce que *fames* était originairement de la cinquième déclinaison; 4) 1.ʳᵉ décl. *deâ* (p. deâ-ud); cf. S. C. de Bacch., *de sententiâd*; *extrâd urbem*; *extrâd quam*; *suprâd scriptum*; *arvorsum eâd*. Beaucoup de *prépositions* et *d'adverbes* sont des ablatifs féminins; *trâ* (cf. trâ-no, trâ-mets); *extrâ urbem* se dit pour *extrâd* (*parted*) urbem (du côté extérieur, par rapport à la ville); cf. *intereâ*, *prætereâ*, *posthâc*, *unâ* (sc. vice), *infrâ*, *citrâ*, *ultrâ*, *suprâ* (cf. *superâ caput*, Lucret., V, 86, 327; VI, 855), etc.; 5) 2.ᵉ décl., lat. *divô*

(p. *dive-ud*); cf. S. C. in *oquoltôd; in poblicôd; in praivatôd; facilumêd* (d'une manière facile). En grec, où l'ablatif s'est confondu avec le génitif, quelques adverbes de *lieu* ont la forme de ce dernier cas. Ex. *autou* (là), etc. Cependant la plupart des adverbes ont conservé la forme de l'ancien ablatif grec en *ôs* (p. *ôt*). Ex. *hôs, pantôs, allôs*, etc. En sanscrit, l'ablatif est également la forme de beaucoup d'adverbes. Ex. *sâkshât* (visiblement), *kutûhalât* (joyeusement), etc. Beaucoup d'adverbes latins sont des ablatifs de la seconde déclinaison, et ont par conséquent la dernière voyelle *longue*. Ex. *crebrô, falsô, meritô*, etc. Quelquefois ô s'est changé euphoniquement en *é*, Ex. *doctê* (p. doctô), *verê, longê*, etc. Les adverbes de la troisième déclinaison, comme *difficile*, etc., se terminant également en *e*, un grand nombre de ceux de la seconde se sont confondus avec eux, et ont changé leur *é* long en *e* bref. Ex. *bene, male, temere, benigne, rite*, etc. Par suite, quelques adverbes terminés en *o* ont également rendu brève leur voyelle finale. Ex. *modo* (p. modô), *profecto, cito, postremo, illico, porro*, etc. Il y a même quelques adverbes en *e*, comme *superne, inferne, interne*, qui ont la voyelle finale *longue* ou *brève*, selon qu'on leur fait suivre ou la règle générale de la seconde déclinaison, ou l'analogie des adverbes de la troisième déclinaison.

L'ablatif pluriel se forme en ajoutant la particule *us* (dérivé de *ud*, de) au datif, exprimé par la particule *bi* (chez). La terminaison *bi-us* signifie *de-chez*, et se change euphoniquement en *bis* ou *bus* (*his, is*, cf. p. 38, note 2). Ex. 1) 4.ᵉ décl., *manu-bus* (p. manu-bi-us), sansc. *bâhubias*; 2) 3.ᵉ décl., *nôbis* (p. nôbi-us, de chez nous); *vôbis* (p. tvôbius); lat. *ovi-bus*, sansc. *avi-bi-as*; lat. *voci-bus*, sansc. *vac'-bias*; 3) 5.ᵉ décl., *diêbus*, sansc. *devatâ-bias*; 4) 1.ʳᵉ décl. lat., *deâ-bus; rosis* (p. rosâ-bis, rosâ-his, rosâ-is). Il y a quelques adverbes qui sont des ablatifs pluriels de la première déclinaison. Ex. *gratis* (p. gratiis); *foris* (p. foribus); etc.; 5) 2.ᵉ décl., *divis* (p. divi-bis, dive-his, diveis), cf. *ex quois* (p. ex quibus), Legib., 3, 3; Varro, lib. 8, §. 72.

§. 2. *Génitif.* Anciennement il n'y avait qu'un cas, l'ablatif, pour exprimer à la fois la *séparation matérielle* et la *dérivation métaphysique.* Plus tard, le génitif s'est détaché de l'ablatif en prenant exclusivement la signification *métaphysique*, et laissant à l'ablatif sa signification *matérielle.* Comme le génitif dérive de l'ablatif, son signe caractéristique *us* (provenant de) dérive aussi du signe de l'ablatif *ud* (sortant de). En sanscrit, le génitif et l'ablatif se sont confondus dans quelques déclinaisons ; en grec, l'ablatif a été remplacé par le génitif, et en latin, comme en d'autres langues encore, la signification de l'ablatif et du génitif s'entremêlent et se confondent quelquefois. Une manière très-ancienne d'exprimer l'idée d'une dérivation plus ou moins métaphysique, consistait à former des adjectifs dérivés de pronoms ou des espèces de *pronoms possessifs.* Ainsi, pour dire en sanscrit *de toi*, *de moi*, *de nous*, *de vous*, on formait un adjectif de *ma* (moi), *tu* (toi), *asmás* (nous), *iushmás* (vous). Ces adjectifs *mama* (p. mava, mien), *tava* (tien), *asmakám* (nôtre), *iushmákam* (vôtre), ne sont pas *déclinables* comme le sont en latin les pronoms possessifs *tuus, tui, tua, tuo*, etc. On dit, en sanscrit, *pitá mama* (père-mien) et *mátá mama* (mère-mien). C'est d'après cette analogie qu'on a formé de *sa* (ce, lui) un adjectif indéclinable *sia* (p. sija, sien) qui répond aux terminaisons *–tios* (p. teios), *sios*, ou *–tius*, *–sius* des adjectifs *déclinables* en grec et en latin. Cette particule indéclinable *sia* a été ajoutée au thème de quelques substantifs pour exprimer le génitif. Ainsi, tous les substantifs et adjectifs des langues indogermaniques qui ne forment pas leur génitif en *us*, le forment en *sia* (siu, hiu). Ex. 1) 4.ᵉ décl., *manús* (p. manu-us, cf. S. C., *senatuos*) ; grec *ichthu-os*, sansc. *bahós* (p. bahu-as, baha-us) ; 2) 3.ᵉ décl., *ovis* (p. ovi-us, cf. S. C., *nominus latini*), gr. *oï-os*, sansc. *avês* (p. avi-as, ava-is) ; lat. *voc'-is*, gr. *op'-os*, sansc. *vaç'-as* ; 3) 5.ᵉ décl., *diei* (p. diè-siu, diè-hie, diè-ie, cf. p. 28) ; 4) 1.ᵉʳ décl. lat., *deæ* (p. deâ-sie, dea-hi, cf. S. C., *Duelonai* [p. Bellonæ] ; Virg., *aulai in medio* ; Mart., *terrai frugiferai*) ; gr. *theâ-s* (p. theâ-siè), sansc. *devatâias* (p. dêvatâ-siâs, devatâ-hiâs; 5) 2.ᵉ décl. lat., *divî* (p. dive-sie, dive-î), gr. *theou* (p. theo-sio, theo-hio, theo-o), sansc. *déva-sia*. Les pronoms latins forment généralement le génitif en *us*. Ex. *cûj-us*, *éj-us*, *hûj-us*, *aû-us* (p. aliu-us), *solî-us* (p. solu-us), *alteri-us* (p. alteru-us). [Ordinairement l'*i* est long dans *totî-us*, *nullî-us*, *utri-us* (p. uteru-us), *illî-us* (p. illu-us).]

Le génitif pluriel se forme en ajoutant au thème la terminaison *usâm*, qui se compose de la particule *us* (de) et de *âm* ancienne forme de pluriel qu'on retrouve encore dans les langu. sémitiques. Ex. arabe *malkûn* (p. malkâm, les rois); héb. *melakîm* (p. melakûm). La terminaison *usâm* se change en latin en *orûm* et *ûm* (p. uhûm). Ex. 1) 4.ᵉ décl., *manu-ûm*, gr. *ichthu-ôn* (p. ichthu-ôm), sansc. *bahûnâm* (p. bahu-ahâm, bahu-a'âm); 2) 3.ᵉ décl. lat. *ovi-ûm*, gr. *oï-ôn*, sansc. *avînâm* (p. avi-a'âm, avî-âm); lat. *voc'-ûm*, gr. *op'-ôn*, sansc. *vaç'-ûm*; 3) 5.ᵉ décl., *diê-rûm* (p. diê-erûm); 4) 1.ʳᵉ décl., *deâ-rûm* (p. deâ-erûm), gr. *theôn* (p. theâ-ôn), sansc. *devâtânâm* (p. devatâ-a'âm); 5) 2.ᵉ décl., *deôrûm* (p. deo-orûm), et *deûm* (p. deo-ûm, cf. Cicéron, *Orator.*, 46), gr. *theôn* (p. theo-ôn), sansc. *devânâm* (p. deva-a'âm).

§. 3. *Datif.* —— Le datif singulier s'est formé en ajoutant au thème la particule *bi* (sur, vers, cf. Poëmes isl., p. 408), laquelle s'est changée en *hi*, *i*. Ex. 1) 4.ᵉ décl., *manu-i* (p. manu-bi). [Les deux dernières voyelles sont souvent contractées. Ex. *subdere visû* (p. visui); Térent., *vestitû nimis indulgent; difficile dictû* (p. dictui, à dire); *utilia cognitû*, etc.]; gr. *ichthu-ï* (p. ichthu-fi); sansc. *bâhavai* (p. bâhu-abi, bahav-a'ï); 2) 3.ᵉ décl. lat., *mihî* (p. mihi-bi), gr. *moï* (p. mo-fi), sansc. *mahiam* (p. maha-bi-am, mahbiam); lat. *tibi*, gr. *toi* (p. to-fi), sansc. *tu-bi-am*, lat. *si-bi*, gr. *hoï*, sansc. *tasmái* (p. ta-sma-abi). La voyelle finale *i* dans *mihî* est quelquefois employée comme brève, suivant l'analogie de *tibi* et *sibi*, et ces deux pronoms ont quelquefois le *i* final long, suivant l'analogie de *mihî*. *Ovî* (p. ovi-i); gr. *oï-i*, sansc. *avayai* (p. avi-abi, avi-a'ï, avai-ai); lat. *vocî* (p. voce-i, cf. *vertutei parisima*, Sarcoph. de Luc. Cornel.

Barb. Scipio), gr. *op'-i*, sansc. *vaçai* (p. vaça-abi); 3) 5.ᵉ décl., *diê-i*; 4) 1.ʳᵉ décl., *divæ* (p. divâ-i), gr. *theâi*, sansc. *devatâ-iâ-i* (p. devatâ-siâ-abi, auprès *de la* déesse); 5) 2.ᵉ décl., *divô* (p. divo-i), gr. *theô* (p. theo-i), sansc. *devâia* (p. deva-abi-(a).

Le *datif pluriel* se forme en ajoutant au datif singulier la marque du pluriel *as* (us, is). Une autre manière de former le datif pluriel, c'est d'ajouter au nominatif pluriel la particule *Ta* (ce, *vers* ce, vers), qui se change euphoniquement en *sa, si*, etc.; cf. gr. *ekei*-se (vers-là); *Athenas*-the (vers-Athènes). Souvent la particule grecque *se* est encore renforcée par la particule *Na* (là) dans la terminaison *-si-N* (vers- là). Cette seconde manière de former le datif est moins ancienne que la première; car elle ne se trouve, en grec et en latin, que dans les déclinaisons *dérivées*, et de plus, la forme des nominatifs du pluriel, placés devant la particule *sa*, pour exprimer le datif pluriel, n'est plus la forme *primitive*. En latin, l'ancienne forme du datif se trouve dans la quatrième, la troisième et la cinquième déclinaison; au contraire, la première et la seconde déclinaison ont la forme plus moderne. Ex. 1) 4.ᵉ décl., *manu-bus* (p. manu-bi-us); gr. *ichthues-sin* (vers les poissons); sansc. *bâhu-bias;* 2) 3.ᵉ décl., *nô-bis* (p. nô-bi-us), gr. *hèmin* (p. hèmeis-fin, vers-nous), sansc. *asma-bi-am;* lat. *vô-bis*, gr. *humin* (p. humeis-fin), sansc. *iushma-bi-am;* lat. *ovi-bus*, gr. *oïes-sin* (vers les brebis), sansc. *avi-bi-as;* lat. *voci-bus*, gr. *opes-sin*, sansc. *vag'-bi-as;* 3) 5.ᵉ décl., *diê-bus;* 4) 1.ʳᵉ décl. lat., *deâ-bus*, sansc. *devatâ-bi-as*, lat. *rosis* (p. rosâi-si, roseis, vers les roses); gr. *theâi-s* (p. theâi-si); 5) 2.ᵉ décl., *divis* (p. divei-si), gr. *theois* (p. theoi-si), sansc. *devêbias* (p. deva-ibi-as, vers les dieux).

§. 4. *Locatif*. Dans presque toutes les langues les particules qui expriment l'idée de *mouvement vers*, expriment le plus souvent aussi l'idée de *repos auprès* (cf. gr. *pros, épi*, lat. *in*, héb. *be*, all. *zu*, fr. *à*). C'est pourquoi, anciennement, le datif remplissait en même temps le rôle de *locatif;* car le signe caractéristique du datif, la particule *Bi* signifiait non-seulement *vers* (cf. gr. *é-Pi*, sansc. *a-Bi*); mais aussi *auprès* (cf. gr. *e-Pi*, lat.

i-Bi, *u-Bi*, goth. *Bi*). Plus tard, le locatif, ayant la signification spéciale de *auprès*, s'est séparé du datif exprimant plus particulièrement l'idée de *vers*. Cependant ces deux cas se sont souvent confondus, de sorte qu'en sanscrit, en grec et en latin, le datif a pris, dans quelques déclinaisons, la forme du locatif, et que le sens du locatif est quelquefois exprimé par la forme du datif. Nous avons déjà reconnu (voy. p. 63), que quelques adverbes *de lieu* sont formés de l'ablatif et du génitif. Comme le locatif est un cas presque superflu, l'emploi n'en a pas été très-fréquent, et il n'en est resté que peu d'exemples dans la langue latine. Le signe particulier du locatif est la particule *Ta* (voy. Poëmes isl., p. 387), qui s'est changée euphoniquement en *Su*, *Si*, *Hi*, *i*. Au singulier, on se servait le plus souvent de la voyelle *i* toute seule, parce que *i* exprimait déjà, par sa signification de voyelle, l'idée relative d'*intériorité* (cf. Poëmes isl., p. 374). La forme complète *Su*, *Si*, a été réservée plus particulièrement pour le pluriel. Ex. 1) 4.ᵉ décl., lat. *humi* (p. humu-i, à terre) ; *domi* (p. domu-i) ; sansc. *báhaü* (p. bâhu-i, bahav-i) ; 2) 3.ᵉ décl., *brevi* (p. brevi-i) ; lat. *Lacedæmon-i*, gr. ᴴ*éleusin-i*, sansc. *vaç'-i* ; 3) 5.ᵉ et 1.ʳᵉ décl., *Romæ* (p. româ-i) ; gr. *chamá-i* (à terre) ; sansc. *devatá-i-am* ; 4) 2.ᵉ décl., *Tusculi* (p. Tusculu-i) ; gr. *oiko-i* (à la maison) ; *æiguptisti* (en égyptien), *neósti* (nouvellement), *améchati*, *anomósti*, etc. ; sansc. *déva-i*. — *Locatif pluriel.* ; 4.ᵉ décl., sansc. *báhu*-shu (p. bahu-su) ; 3.ᵉ décl., sansc. *avi*-shu (p. avi-su) ; 5.ᵉ et 1.ʳᵉ décl., lat. *Athenis* (p. Athenâi-*si*) ; gr. *Athenè-si* (p. Athenâi-*si*) ; sansc. *devatá*-su ; 2.ᵉ décl., lat. *Gabiis* (p. Gabiei-*si*), gr. *Olympioi*-si, sansc. *devê*-shu (p. devai-su). La forme du locatif singulier s'est conservée dans un grand nombre de particules latines. Ex. *hic* (p. he-*i*-c, en cela), *là* ; *hùc* (p. hu-*i*-c, vers cela), *là* ; *si* (p. se-i, en ce, en cas que), *si* ; *quasi* (voy. Lucrèce) ; *nisi* (voy. Sidoine) ; *ibi* (p. ibe-i, S. C. de B.) ; *ibique* ; *ubi* (p. ube-i) ; *ubique* ; *uti* (p. ute-i) ; *sic* (p. se-*i*-c, en ceci, de cette manière) ; *qui* (de quelle manière) ; *quandò* (p. quando-i, en tant que), *quand* ; *præ* (p. parâ-i, au-devant), *devant*, *pour*, etc. En grec les prépositions de *lieu* sont quelquefois terminées par le signe du locatif *i.* Ex. *Kata-i, épé-i, apa-i, kató* (p. kato-i), *huper* (p. huper-i), *para-i,* etc.

Conclusion. Nous venons de rendre compte de la quantité prosodique de toutes les voyelles qui se trouvent dans les formes grammaticales des mots latins. Tous les exemples qu'on pourrait citer, s'expliquant d'une manière naturelle par les principes ci-dessus développés, la théorie que nous avons exposée est à la fois véritable et complète. Cette théorie se résume en entier dans la proposition suivante : « les voyelles étant originairement « brèves, toutes celles qui ne sont pas restées brèves sont de- « venues longues ou par dérivation grammaticale, ou par con- « traction, ou par expiration de la voix, à moins que la synérèse « ou l'influence des consonnes finales, ou l'accent, ou l'exigence « du mètre ne les ait empêchées de devenir longues ou n'ait « forcé les voyelles, devenues longues, à redevenir brèves. » Cette proposition, nous l'avons démontrée principalement et premièrement sur le latin; mais cette théorie, qui repose sur les principes généraux de la formation du langage, s'applique également bien à toutes les autres langues. Ayant maintenant sa théorie philosophique, la prosodie n'est plus un recueil de faits incohérents et inexplicables; dorénavant c'est une *science,* un ensemble systématique dont on peut exposer avec méthode et expliquer philosophiquement les faits ou les matériaux qui la composent.

9 782013 542838